COMPLÉMENTS

DE LA

GRAMMAIRE FRANÇAISE

CONTENANT

L'ORTHOGRAPHE D'USAGE. — LA PRONONCIATION
LA LECTURE A HAUTE VOIX
LA DÉTERMINATION DU GENRE DANS LES SUBSTANTIFS

PAR

G.-C. JOUBERT ET Ph. GUÉRIN

PARIS

DÉZOBRY, F. TANDOU ET Cᵉ, ÉDITEURS

78, RUE DES ÉCOLES, 78

HACHETTE	TRUCHY
BOULEVARD SAINT-GERMAIN, 77	26, BOULEVARD DES ITALIENS

1863

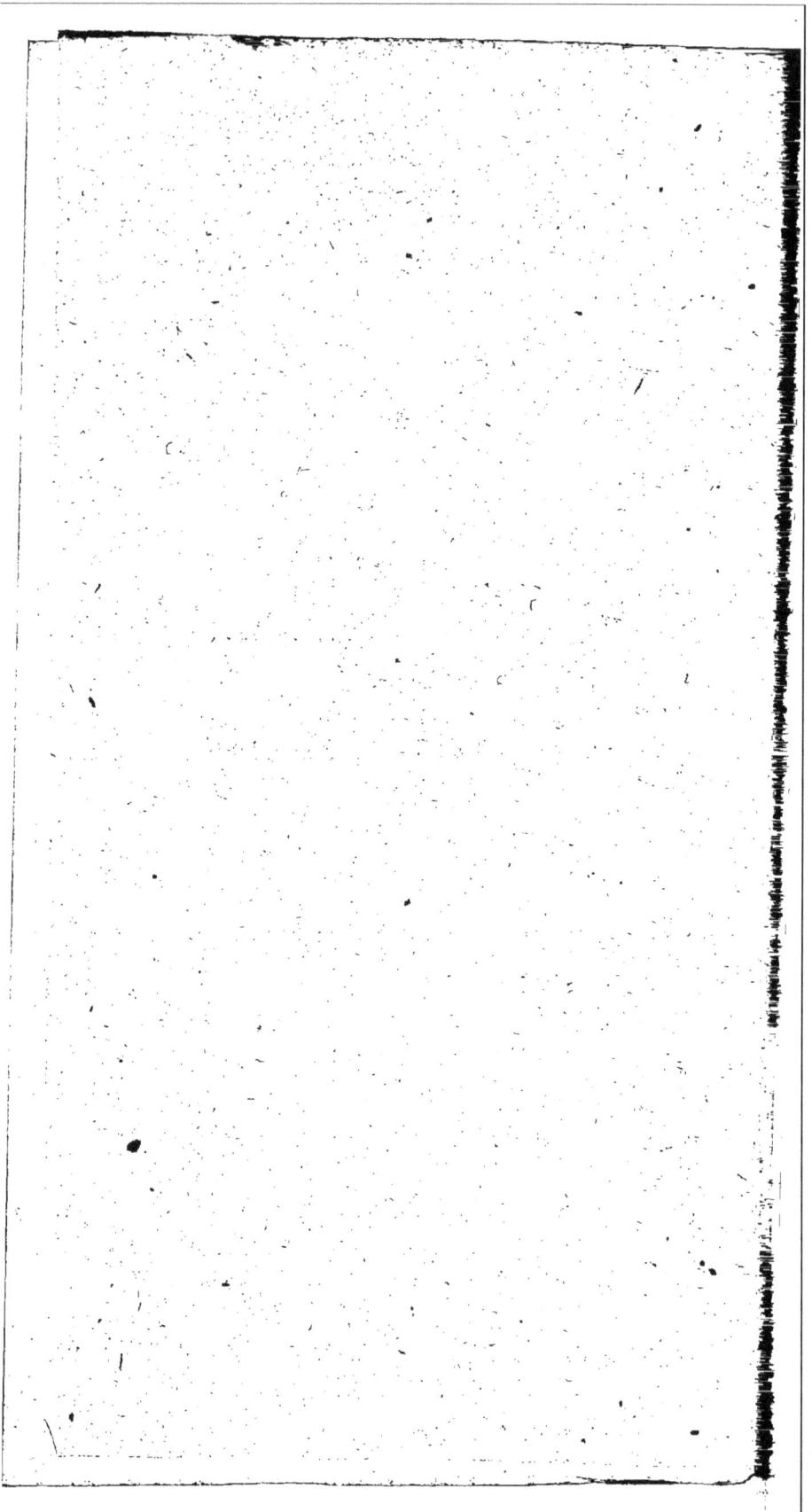

COMPLÉMENTS

DE LA

GRAMMAIRE FRANÇAISE

OUVRAGES DES MÊMES AUTEURS

GRAMMAIRE FRANÇAISE, enseignée par l'histoire de France, de 420 à 1859. — Un vol. in-8; prix : 6 fr.

ÉLÉMENTS DE LA GRAMMAIRE FRANÇAISE, enseignés par la chronologie de l'histoire de France, de 420 à 1830. — Un vol in-18; prix : 4 fr. 75 c.

Paris. — Imp. de L. Tinterlin, rue Neuve-des-Bons-Enfants. 3.

COMPLÉMENTS

DE LA

GRAMMAIRE FRANÇAISE

CONTENANT

L'ORTHOGRAPHE D'USAGE. — LA PRONONCIATION
LA LECTURE A HAUTE VOIX
LA DÉTERMINATION DU GENRE DANS LES SUBSTANTIFS

PAR

C.-C. JOUBERT et Ph. GUÉRIN

PARIS

DÉZOBRY, F. TANDOU et Cᵉ, ÉDITEURS

78, RUE DES ÉCOLES, 78

HACHETTE | TRUCHY
BOULEVARD SAINT-GERMAIN, 77 | 26, BOULEVARD DES ITALIENS

1863

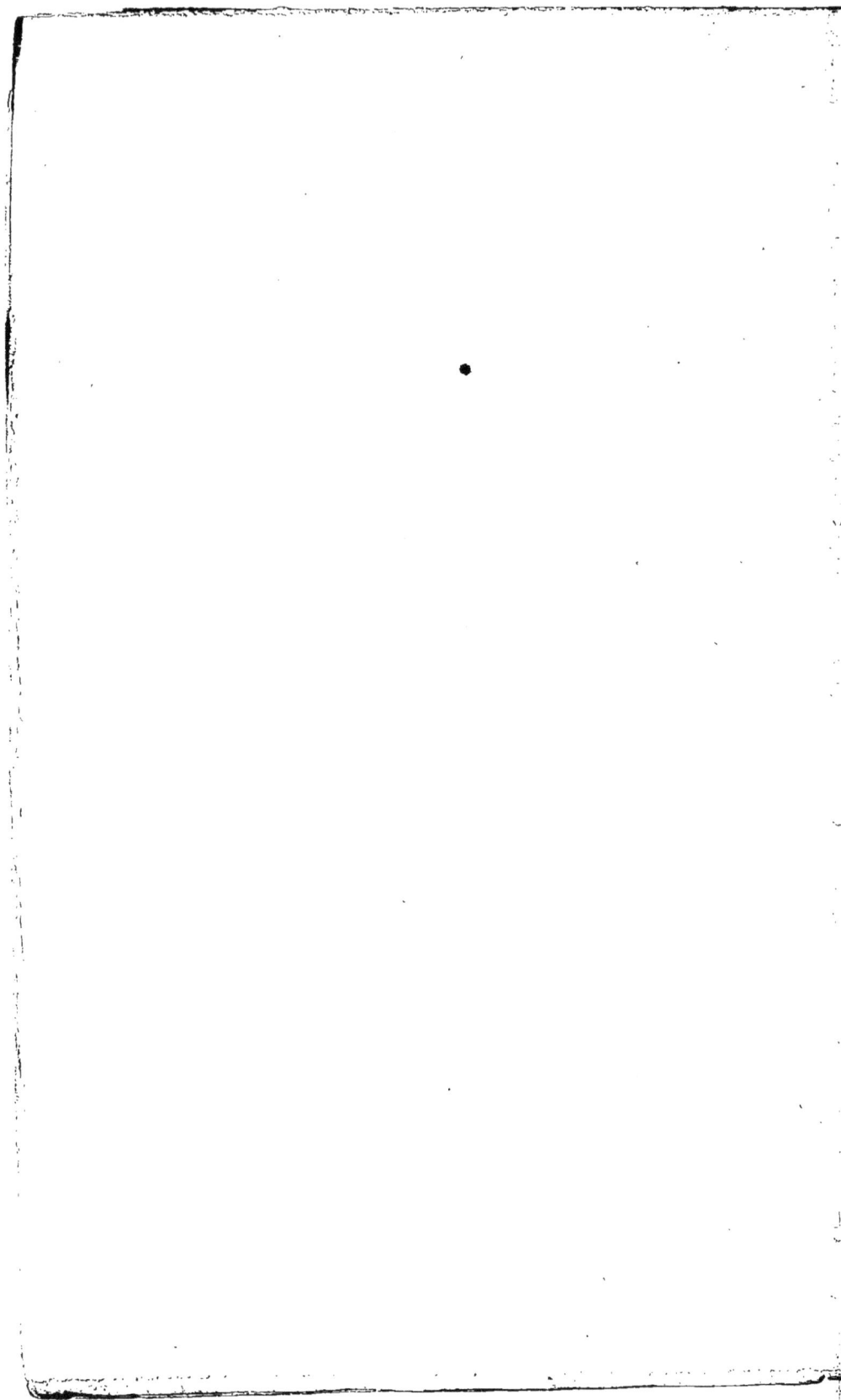

AVERTISSEMENT

Sous le titre de Compléments de la Grammaire française, nous avons compris : 1° l'*Orthographe d'usage*; 2° la *Prononciation*; 3° la *Lecture à haute voix*, et 4° la *Détermination du Genre dans les Substantifs*.

L'orthographe d'usage a été jusqu'à ce jour presque exclusivement abandonnée à la routine, en sorte qu'une étude qui devrait être sérieuse pour ne point faire de ces fautes qu'on appelle à juste titre honteuses, est tout à fait négligée. D'où vient cette indifférence regrettable? Disons-le hautement aux auteurs qui ont traité cette matière : les uns, en donnant à leurs ouvrages des proportions désespérantes ; les autres, en ne posant que quelques règles incomplètes, qui loin de diriger l'élève l'égarent souvent en le forçant à généraliser des principes d'une application très-limitée, n'ont point atteint le but qu'ils s'étaient proposé. Aussi qu'en résulte-t-il? C'est qu'on se trouve embarrassé dans un grand nombre de cas, et qu'il faut avoir recours à tout instant aux dictionnaires pour savoir comment s'écrit un mot.

Afin de résoudre ce problème, dont la solution serait de la plus haute importance, nous avons mis à contribution tous les grammairiens qui nous ont précédés, et notre nouveau *Traité d'Orthographe d'usage* n'est à vrai dire qu'une seconde édition, complétée et revue avec soin, de celui qui a paru dans notre grande *Grammaire* en 1860.

Une seule chose pourrait peut-être décourager l'élève : c'est le grand nombre de mots qui font exception aux règles que nous avons créées ou rapportées; mais, à une simple lecture, on se convaincra bientôt que ce nombre peut se réduire de plus de moitié, puisque nous avons compris dans nos exceptions les noms historiques, mythologiques, scientifiques, technologiques, et même ceux qui ne sont pas d'un fréquent usage.

La prononciation a pour objet l'articulation des lettres, des syllabes et des mots : malheureusement cette partie si essentielle du langage est à peine effleurée dans les grammaires, et, cependant, il ne suffit pas de bien orthographier les mots, il faut encore les prononcer correctement, afin de donner à chacun d'eux la valeur euphonique qui lui est propre. Bien qu'il soit assez difficile d'exécuter un travail complet sur un pareil sujet, nous avons cherché à rassembler en quelques pages des principes qui guideront l'élève dans la voie d'une bonne prononciation.

Un traité de *lecture à haute voix* manquait encore à l'enseignement élémentaire, aussi avons-nous cherché à combler cette lacune, et nous pensons que ce troisième livre ne sera pas moins utile que les deux précédents.

Plusieurs auteurs, entre autres Dubroca, ont bien donné sur ce sujet intéressant d'excellents conseils; mais ceux-ci ont plutôt pour objet la déclamation théâtrale que la lecture.

Après avoir posé quelques principes généraux, faciles à comprendre, nous les avons appliqués à plusieurs passages empruntés à presque tous les genres de notre littérature classique, afin de prouver que la lecture à haute voix s'appuie sur des règles fixes, et que si l'on peut différer en quelques points, les exceptions ne frappent que sur des détails sans importance. Nous ne passerons pas sous silence qu'au moment de mettre sous presse il est tombé entre nos mains un ouvrage qui semblerait avoir le même but que le nôtre, nous voulons parler d'un livre intitulé *l'Orateur*, par M. Roosmalen. Tout en rendant pleine et entière justice à l'auteur, nous dirons que l'objet qu'il se propose est de former des orateurs pour la chaire, la tribune et le barreau, tandis que nous, nous ne nous adressons qu'à ceux qui veulent apprendre à bien lire.

La détermination du genre dans les substantifs, qui termine nos COMPLÉMENTS, est destiné surtout aux étrangers, dont le plus grand nombre éprouve tant de difficultés pour savoir de quel genre est un substantif. Les Français aux-mêmes trouveront dans ce dernier livre quelques règles d'une utile application pour la détermination des genres.

Nous dirons, en finissant, que ce nouvel ouvrage est appelé à rendre un service réel à la jeunesse, et nous pensons qu'il deviendra indispensable dans toutes les institutions qui tiennent à donner à leurs élèves une instruction sérieuse.

ERRATA

Page 23, ligne 18, *au lieu de* : l'e, *lisez* : le c.
Page 24, ligne dernière, *au lieu de* : n° 3, *lisez* : n° 1.
Page 72, ligne 10, *au lieu de* : ACA, *lisez* : ACH.
Page 105, ligne 18, *au lieu de* : mais, *lisez* : même.

MOTS A SUPPRIMER :

Page 13, ligne 11, colonne 2 : Colisée.
Page 30, ligne 23, colonne 2 : Brou *de noix*.
Page 59, ligne 12, colonne 1 : Resortir, *de sortir*.
Page 61, ligne 2, colonne 3 : Ananas.

COMPLÉMENTS

DE LA

GRAMMAIRE FRANÇAISE

LIVRE PREMIER

ORTHOGRAPHE D'USAGE

L'orthographe d'usage a pour objet de représenter, à l'aide des lettres de l'alphabet, les sons qui entrent dans la composition d'un mot.

Mais celui qui veut savoir comment s'écrit un mot est censé ne connaître que le son qui frappe son oreille. Donc, c'est de ce son seul, abstraction faite des lettres qui le peignent aux yeux, qu'il faut partir, en remontant au singulier pour les substantifs, au singulier masculin pour les adjectifs et à l'infinitif pour les verbes.

Chaque son, quelle que soit sa nature, est INITIAL, MÉDIAL ou FINAL, c'est-à-dire qu'il affecte le commencement, le milieu ou la fin d'un mot. Ainsi :

1° Le son A est initial dans *ami*, médial dans *machine* et final dans *falbala*.

2° Le son AN est initial dans *angoisse*, médial dans *mandarin* et final dans *forban*.

1

3° Le son ꞇ est initial dans *France*, médial dans mé*fi*ance et final dans fie*f*.

Mais le son *a* s'écrit quelquefois par *ha* au commencement des mots, Ex.: *Ha*bit; par *e* au milieu, Ex.: Ard*e*mment; par *as, at, ac, ach* à la fin, Ex.: Frac*as*, avoc*at*, taba*c*, alma*nach*, etc.

Le son *an* s'écrit aussi par *en, han, hen* au commencement des mots, Ex.: *En*tonner, *han*ter, *Hen*ri; par *en* au milieu, Ex.: Prud*en*ce, et par *and, ant* et *ent* à la fin, Ex.: Fri*and*, fond*ant*, fréqu*ent*.

Le son *f* s'écrit par *ph* au commencement des mots, Ex.: *Ph*are; par *ff* et par *ph* au milieu, Ex.: Be*ff*roi, É*ph*èse, et par *phe* à la fin, Ex.: Orthogra*phe*.

On voit par ce qui précède que les lettres ne conservent pas toujours le son qui leur est propre, comme *e* dans ardemment; que deux consonnes n'en font entendre souvent qu'une seule, comme dans sommet, prononcez *so-met*, tandis qu'elles se prononcent toutes deux dans sommité (*som-mité*). D'où la difficulté de bien orthographier les mots.

Toutefois, nous allons donner des règles simples et d'une facile application, pour arriver à écrire correctement tous les mots de la langue française au point de vue de l'usage.

A la suite de chaque règle et des mots qui servent à la confirmer, nous donnerons tous ceux qui lui font exception, en sorte que l'élève acquerra en peu de temps une connaissance parfaite de l'orthographe d'usage.

Quant à la signification des mots, l'élève doit avoir recours à un lexique ordinaire.

Il nous eût été facile d'établir une règle générale de dérivation, mais nous avons préféré la scinder et en créer une pour chaque son, toutes les fois qu'un assez grand nombre de mots nous l'a fait juger nécessaire.

Nous diviserons toutes les règles de l'orthographe d'usage en deux sections : la première a pour objet les *sons voyelles*, la seconde les *sons consonnes*.

PREMIÈRE SECTION.

SONS VOYELLES.

Les sons voyelles sont : A, É, È I, O, U; AN, EU, IN, OI, ON, OU et UN.

Son *A.*

SON A INITIAL.

Le son *a* initial s'écrit par A, Ex.: Ami.

Exceptions :

HA.

«Ha (1)!
Habile.
Habiller.
Habit.
Habiter.
Habituer (s').
«Hâbler.
«Hac (*ab hoc et ab*).
«Hache, *composés et dérivés.*
«Hachis.
«Hachure.
«Hagard.
Hagiologique.
«Haha!
Hahé!
«Haillon.
«Haïr.

«Halbran.
«Hâler.
«Haler, halage.
Haleine.
«Haleter.
«Halle, hallage.
«Hallebarde.
«Hallebreda.
«Hallier.
Hallucination.
Halo.
«Haloir.
«Halot.
«Halotechnie.
«Halte.
«Hamac.
«Hamadryade.
«Hameau.
Hameçon.
«Hanap.

«Hanneton.
Hanouard.
Hanovre.
«Happelourde.
«Happer.
«Haquenée.
«Haquet.
«Harangue.
«Haras.
«Harasser.
«Harceler.
«Hardes.
«Hardi.
«Harem.
«Hareng.
«Hargneux.
«Haricot.
«Haridelle.
Harmonie.
«Harnacher.

«Harnais.
«Haro.
Harpagon.
«Harpailler.
«Harpe.
«Harpie.
«Harpin.
«Harpon.
«Hart (la).
«Hasard.
«Hase.
Haste.
«Hâter.
«Hâve.
«Havre.
«Havre-sac.

HE.

«Hennir, pr. *ha-nir.*

SON A MÉDIAL.

1° Le son *a* médial s'écrit par A, Ex.: Machine.

---

(1) Les guillemets indiquent que l'*h* est aspiré. Nous ne les mettons que quand *h* est initial.

Exceptions :

AE.	AP.		HA.
Cacnnais, pr. ca- nais.	Baptême.	Nenni, pr. *nani*. Poêle, pr. *po-a-le*. Rouennais, pron. *rou-a-nais*. Solennel, pr. *so-la-* *nel*.	Ahaner. Bacchanal. Brouhaha. Exhaler. Hémorrhagie. Réhabiliter. Subhastation.
AO.	E.		
Laonnais, pr. *la-* *nais*.	Femme. Indemnité, pr. *in-* *damnité*.		

2° Le son *a* médial s'écrit par E suivi de MM quand ce son précède le son *man* dans les adverbes dérivés des adjectifs en *ent*, Ex.: Ardemment, de *ardent*. Sans exception.

SON A FINAL.

1° Le son *a* final s'écrit par AS et par AT lorsqu'il amène un *s* ou un *t* dans les dérivés, Ex.: Fracas, *fracasser;* plat, *plate*. Excepté *apostat, avocat, nota* et *opéra*, bien qu'on dise *apostasier, avocasser, noter* et *opérer*.

2° Le son *a* final s'écrit par AT dans les mots de profession et de dignité, ou qui accusent la manière d'être d'une chose, Ex.: Consul*at*, org*eat* (d'*orge*); miel ros*at* (de *rose*).

3° Le son *a* final s'écrit encore par AT dans les mots formés d'un verbe par le changement de ce son en ER ou RE, Ex.: Form*at*, *former*; ét*at*, *être*. Excepté *plâtras*, bien qu'on dise *plâtrer*.

4° Le son *a* final s'écrit par A dans les mots non jugés par les règles précédentes. Ex.: Falbal*a*.

Exceptions :

AC.	AH.	AP.	Brouas.
Cotignac. Estomac. Tabac.	Ah! Allah. Bah! Jéhovah. Pouah!	Drap. Sparadrap. AS. Ananas. Appas. Bas (un).	Cabas. Canevas. Cannelas. Cervelas. Chasselas. Coutelas. Fatras. Frimas.
ACH.			
Almanach.			

Galetas.
Galimatias.
Hélas! (1)
Lacs, nœud cou-
lant.
Lilas.
Judas (2).
Matras.
Repas.
Taffetas.
Verglas.

AT.

Abat-jour (3).

Achat.
Adéquat.
Apparat.
Appât.
Auvernat.
Burat.
Carat.
Cérat.
Cioutat.
Ducat.
Entrechat.
Exact.
Goujat.

Grabat.
Grenat.
Incarnat.
Intestat (ab).
Mat (échec et).
Méat.
Muscat.
Oxycrat.
Péculat.
Pugilat.
Rachat.
Reliquat.
Sabbat.

Seringat.
Stellionat.
Tribunat.
Triennat.
Verrat.

HA.

Brouhaha.
Cahin-caha.
Haha.
Ipécacuanha.
Myrrha.
Pyrrha.

Son É fermé.

SON É INITIAL.

Le son é initial s'écrit par É. Ex.: *É*pouse.

Exceptions :

HÉ.

Hé! eh!
Hebdomadaire.
Hébé.
Héberger.
Hébéter.
Hébreu.
Hécate.
Hécatombe.
Hèdre.
Hégire.
Hélas!
Hélène.
«Héler.
Héliaque.

Hélice.
Hélicon.
Héliocentrique.
Héliomètre.
Hélioscope.
Héliotrope.
Hélix.
Héloïse.
Hélose.
Hématite.
Hémine.
Hémione.
Hémisphère.
Hémistiche.
Hémoptysie.
Hémorrhagie.

Hémorrhoïdes.
Hépar.
Hérault (*départ.*).
«Héraut.
Hérésie.
«Hérisser.
«Hérisson.
Héritier.
Hérode.
Hérodote.
Héroïne.
«Héron.
«Héros.
Hésiter.
Hétérodoxe.

Hétérogène.
Hétérocien (4).

Œ.

Œcuménique.
Œdème.
Œdipe.
Œnologue.
Œnomètre.
Œnope.
Œnophore.
Œnople.
Œsophage.
Œstromancie.
Œsype.

SON É MÉDIAL.

Le son é médial s'écrit par É. Ex.: M*é*ditation.

---

(1) On fait le plus souvent sonner l's, prononcez *hé-lasse.*
(2) Et autres noms propres.
(3) Et analogues.
(4) Et autres mots en *hétéro.*

1.

Exceptions :

HÉ.	Cohésion	Sanhédrin.	ŒE.
Adhérer.	Déchéance.	Véhément.	Assa-fœtida.
	Exhéréder.		

SON É FINAL.

1° Le son *é* final s'écrit par É dans les substantifs féminins en TÉ, Ex.: Fidéli*té*. Excepté : *Amalthée, potée* (une), et autres mots en *tée* marquant plénitude, comme aussi *assiettée (plein une assiette)*.

2° Le son *é* final s'écrit pareillement par É dans les substantifs et adjectifs masculins, Ex.: Fossé (un), fédéré (un), et dans quelques autres mots non jugés par la règle précédente.

Exceptions :

ÉE.			
	Eubée.	Périnée.	Alger (dey d').
	Galilée.	Persée.	Plancher.
Apogée.	Gynécée.	Pompée.	Rocher.
Alphée.	Hyménée.	Prométhée.	
Amédée.	Hyperborée.	Protée.	ERS.
Anthée.	Idoménée.	Prytanée.	
Asmodée.	Linnée.	Pygmée.	Angers.
Athée.	Lycée.	Pyrénées.	Volontiers.
Athénée.	Machabée.	Scarabée.	
Borée.	Mardochée.	Spondée.	ET.
Caducée.	Mausolée.	Sichée.	
Camée.	Morphée.	Thésée.	Guet.
Colisée.	Musée.	Trophée.	
Coryphée.	Néméc.	Tyrtée.	EZ.
Élysée.	Nérée.		
Emblée (d').	Nicée.	ER.	Assez.
Empyrée.	Orphée.		Chez.
Enée.	Périgée.	Clocher.	Nez.
			Rez-de-chaussée.
			Sonnez.

3° Le son *é* final s'écrit par ÉE dans les substantifs féminins non jugés par le n° 1, Ex.: Accouchée (une), échappée (une), fricassée (une), journée (une) ondée (une), fée, idée, Médée, poupée, etc.

Exceptions :

Aglaé.	Clé ou clef.	Hébé.	Sémélé.
Arsinoé.	Danaé.	Niobé.	Thisbé *et autres*
Chloé.	Daphné.	Phébé.	*noms mythologi-*
Circé.	Dioné.	Psyché.	*ques.*

4° Le son *é* final s'écrit ER lorsqu'il amène un *r* dans les dérivés, dans les infinitifs et dans les noms de profession, Ex.: Boucher, *bouchère*, franger, *frangère;* chanter, cocher. Point d'exception.

5° Le son *é* final s'écrit par ER dans les substantifs et les infinitifs en IER, YER, Ex.: Atelier, fortifier, balayer, et dans les noms de professions, de dignités et d'arbres, Ex.: Carrier, chevalier, figuier. Excepté *allié* (un), *amitié, inimitié* (une), *moitié, pitié; biez* et *pied;* on écrit aussi *pié* (1).

Son È ouvert.

SON È INITIAL.

Le son *è* initial s'écrit E dans les mots où ce son est suivi de deux consonnes ou du double son x (cs ou gz), Ex.: *Espé-rer, ex*poser.

Exceptions :

HE.	Hercule.	AI.	Aigue-marine.
	«Hère.		Aiguière.
Hectolitre (2).	Hermaphrodite.	Aider.	Aiguillade.
Heiduque, pr. Hè-duque.	Hermétique.	Aigle.	Aiguille.
	Hermine.	Aigre.	Aiguillon.
Helléniste.	«Hernie.	Aigrefin.	Aiguiser.
Helvétie.	«Herse.	Aigrette.	Aile.
«Hem.	«Hêtre.	Aigu.	Aimable.
Heptacorde (3).	Hexagone (4).	Aiguayer, pron.	Aimant, *substan-*
Herbe.		éguaié.	*tif et participe.*

. (1) Les participes passés des verbes en *ier* et *yer* s'écrivent *ié, yé*. Ex.: *Fortifié, balayé.*

(2) Et autres mots de la nomenclature en *hecto.*

(3) Et autres mots en *hepta.*

(4) Et autres mots en *hexa.*

AI.			HAI.
Aimer.	Aire.	Aise.	
Aine.	Airer.	Aisé.	«Haine.
Aîné.	Ais.	Aisselier.	«Haire.
Air.	Aisance.	Aisselle.	
Airain.			

SON È MÉDIAL.

1° Le son *è* médial s'écrit E dans les mots terminés en
IENNE (*iène*), en ESSE (*èce*), en ETTE (*ète*), en L (*èl*) au masculin, et en ELLE (*èle*) au féminin, Ex.: Méridienne, messe, mi-
nette, autel, belle. Excepté *hyène* et *hygiène*.

2° Le son *è* médial s'écrit par È dans les mots terminés en
aine (*ène*), Ex.: Ébène.

Exceptions :

AI.			EI.
	Domaine.	Marjolaine.	
	Faîne.	Marraine.	
Aquitaine.	Fontaine.	Migraine.	Baleine.
Aubaine.	Fredaine.	Misaine (mât de).	Haleine.
Bedaine.	Futaine.	Mitaine.	Peine.
Calembredaine.	Graine.	Plaine.	Reine.
Capitaine.	«Haine.	Porcelaine.	Seine.
Centaine (1).	Laine.	Pretantaine.	Veine.
Chaîne.	Lorraine.	Semaine.	Verveine.
Daine.	Maine.	Touraine.	

3° Le son *è* médial s'écrit par È dans les mots terminés en
ière. Ex.: Matière.

Exceptions :

IAIRE.			Hier.
	Intermédiaire.	Plénipotentiaire.	
	Judiciaire.	Stipendiaire.	IERRE.
Alliaire.	Miliaire.	Vendémiaire.	
Auxiliaire.	Milliaire.	Vestiaire.	Lierre.
Bréviaire.	Nobiliaire.		Pierre, *nom pro-*
Fiduciaire.	Pécuniaire.	IER.	*pre et substantif*
Incendiaire.	Plagiaire.	Fier.	*commun.*

4° Le son *è* médial s'écrit par AI dans les mots terminés en

---

(1) Et autres noms collectifs.

AINE (*ène*) venant d'un mot en *ain* (*in*), Ex.: Prochaine, de *prochain*. Excepté pleine et sereine, bien qu'on ait *plein* et *serein*.

5° Le son *è* médial s'écrit par AI dans les mots terminés en AISON (*èzon*), Ex.: Maison. Sans exception.

6° Le son *è* médial s'écrit par AY dans les verbes en AYER (*a-i-é*), Ex.: Balayer. Excepté *grasseyer*, *langueyer* et *planchéier*.

7° Le son *è* médial s'écrit par AIRE dans les mots terminés en AIRE (*ère*), substantifs ou adjectifs pour les deux genres, et les infinitifs en *aire* (*ère*). Ex.: Antiquaire, célibataire, faire.

Exceptions :

AI.

Air.
Chair.
Clair.
Éclair.
Impair.
Pair.
Vair (étoffe).

ER.

Amer.
Belvéder.
Cancer, *astronomie et médecine*.
Cher.
Enfer.
Éther.
Fer.
Hiver.
Jupiter.
Lucifer.
Mâchefer.
Magister.
Mer.
Niger.
Outre-mer.

Pater.
Pet-en-l'air.
Scaliger.
Stathouder.
Ver, *zoologie*.

ÈRE.

Acidifère.
Adultère.
Amère.
Atmosphère.
Austère.
Baptistère.
Bergère (1).
Bouchère.
Boulangère.
Caractère.
Cautère.
Cerbère.
Chère.
Chimère.
Clystère.
Cochère (porte).
Colère.
Commère.
Compère.
Confrère.

Cratère.
«Hère (pauvre).
Cythère.
Enchère.
Éphémère.
Équilatère.
Ère (*époque*).
Étrangère.
Finistère.
Fougère.
Frère.
Galère.
Genouillère.
Grenouillère.
Guère ou guères.
Harengère.
Hémisphère,
Homère.
Horlogère.
Houillère.
Ibère.
Impubère.
Isère.
Jachère.
Lactifère.
Lanifère.
Légère.

Léthifère.
Lingère.
Madère.
Ménagère.
Mensongère.
Mère.
Messagère.
Ministère.
Misère.
Monastère.
Mortifère.
Naguère.
Panthère.
Passagère.
Père.
Planisphère.
Presbytère.
Prospère.
Pubère.
Réverbère.
Sévère.
Somnifère.
Soporifère.
Sphère.
Stère.
Sudorifère.
Tibère.

---

(1) Il en est ainsi d'une douzaine de mots qui viennent d'un mot plus court : *Bergère*, de *berger*, *bouchère*, de *boucher*, etc.

Ulcère.
Vachère.
Viagère.
Viscère.
Vitupère.

ERRE.

Angleterre.
Auxerre.
Cimeterre.
Équerre.
Erre (train, allure)
Guerre.

Lierre.
Parterre.
Serre (d'oiseau et de plantes).
Terre.
Tonnerre.
Verre.

ERS.

Anvers.
Convers (frère).
Devers, adverbe.
Divers.

Envers.
Gers.
Nevers.
Pers (couleur).
Pervers.
Revers.
Tiers.
Travers.
Univers.
Vers.

ERT.

Concert.

Couvert de table, de maison, et adjectif.
Découvert, substantif et adjectif.
Désert.
Dessert.
Disert.
Expert.
Ouvert:
Vert; adjectif.

8° Le son è médial s'écrit par È ou Ê dans les mots non jugés par les règles précédentes, Ex.: Flèche, bêche, etc., et par E suivi de *ff*, Ex.: Greffe, etc.

Exceptions :

AI.

Affaiblir.
Affaisser.
Alaise ou alèze.
Allaiter.
Apaiser.
Araignée.
Assainir.
Assaisonner.
Baigner.
Baiser.
Baisser.
Besaiguë ou bisaiguë.
Blaireau.
Blaise.
Blaiser.
Braise.
Caisse.
Chaise.
Châtaigne.
Clairon.
Connaître.
Cymaise.
Daigner.
Défaite.
Entrefaites.
Eufraise.
Fadaise.
Faible.

Fainéant.
Faisan.
Faîte.
Falaise.
Fantaisie.
Flairer.
Fournaise.
Fraîche.
Frairie ou frérie.
Fraise.
Gaîne.
Gaîté.
Glaise.
Glaive.
Graisse.
Hainaut.
Laine.
Laize.
Laisser.
Laite.
Laiton.
Laitue.
Maigre.
Métairie.
Maître.
Malaise.
Mésaise.
Mortaise.
Naître, et composés.

Paisson.
Paître.
Paraître.
Plaider.
Plaisir.
Prairie.
Punaise.
Raifort.
Rainette ou reinette.
Rainure.
Raiponce.
Raisin.
Raison.
Retraite.
Saigner.
Saisir.
Sardaigne.
Souhaiter.
Traîner.
Traite.
Traiter.
Traiteur.
Traître.
Vairon.
Vaisseau.
Vinaigre.

AY, OY.

Bayle.

Brayette.
Clayon.
Fossoyeur.
Frayeur.
Layette.
Rayon.

EI.

Beige.
Beignet.
Bienveillant.
Empeigne.
Enseigne.
Éteignoir.
Meilleur.
Neige.
Peigne.
Pleiger ou pléger.
Pléyon.
Seigle.
Seigneur.
Seine.
Seize.
Teigne.
Treille.
Treize.

HE.

Bohême.
Malherbe.

SON È FINAL.

1° Le son *è* final s'écrit par AIE dans les mots indiquant un lieu planté d'arbres et dans les mots féminins en AIE (*è*), Ex.: Frenaie (lieu planté de frênes), plaie, monnaie. Excepté *paix* et *forêt*.

2° Le son *è* final s'écrit par AIS lorsqu'il amène un *s* dans les dérivés ; Ex.: Français, *Française*, niais, *niaise*.

Exceptions :

AI.	ÈS.		ET.
		Exprès.	
		Procès.	
Délai.	Accès.	Progrès.	Intérêt.
Vrai.	Excès.	Succès.	

3° Le son *è* final s'écrit par ET dans les mots non jugés par les règles précédentes, Ex.: Fil*et*.

Exceptions :

AI.		Palais.	ÈS, ES.
	Tournai.	Panais.	
	Virelai.	Punais.	Abcès.
Annonay.	**AID.**	Rabelais.	Agrès.
Bai (cheval).		Rais.	Auprès.
Balai.	Laid.	Relais.	Ces.
Caravanserai *ou*	Plaid.		Congrès.
sérail.	**AIS.**	**AIT.**	Cyprès.
Déblai.	Ais.	Abstrait.	Des.
Défrai.	Bourdelais.	Attrait.	Décès.
Douai.	Dadais.	Extrait.	Échecs (1).
Épernai.	Dais.	Fait.	Grès.
Essai.	Désormais.	Forfait.	Legs.
Étai.	Frais.	Lait.	Les.
Frai *de poisson.*	Harnais.	Portrait.	Mes.
Geai.	Jais.	Retrait.	Mets.
Lai.	Jamais.	Souhait.	Près.
Mai.	Laquais.	Soustrait.	Profès.
Minerai.	Lias (*pierre*).	Trait, *et composés.*	Rets.
Papegai.	Mais.	**AIX.**	Ses.
Quai.	Marais.	Faix.	Tes.
Remblai.	Ouais !	Paix.	Très.
Tokai.			

(1) Au singulier, *échec*, prononcez *échèque.*

ECT.	ÊT.		
		Prêt, *subst. et adj.*	Bey.
		Protêt.	Dey.
Abject.	Arrêt.	Sept, *suivi d'une*	Ferney.
Aspect.	Benêt.	*consonne* (1).	Guernesey.
Circonspect.	Conquêt.	Têt.	Jersey.
Respect.	Forêt.	**EY.**	Sidney (2).
Suspect.	Genêt.	Belley.	

Son E muet.

Le son E muet n'est point initial; il n'est jamais suivi de deux consonnes, si ce n'est à la troisième personne pluriel des verbes; il est toujours précédé d'une consonne finale sonore, Ex.: Mener, ils aiment, famine.

Son I.

SON I INITIAL.

1° Le son *i* initial s'écrit par I, Ex.: *I*mage.

Exceptions :

HI.			Hyrcanie.
	Hiérophante.	Hydatide.	Hysope.
«Hi !	Hilarité.	Hydragogue.	Hystérique.
Hiatus.	Hirondelle.	Hydrargyre.	**Y.**
«Hibou.	Hispide.	Hydre.	
«Hic (*c'est le*).	«Hisser.	Hyène.	Y, *lettre et adv.*
Hidalgo.	Histoire.	Hygiène.	Yacht.
«Hideux.	Histrion.	Hygromètre.	Yeuse.
«Hie.	Hiver.	Hylas.	Yeux (les).
Hièble.		Hymen.	Yeuve.
Hier.	**HY.**	Hymne.	Young.
«Hiérarchie.	Hyacinthe.	Hyoïde.	Ypreau.
Hiéroglyphe.	Hyades.	Hypallage.	Yves (saint).
	Hybride.	Hypsiloïde.	

2° Le son *i* initial s'écrit par HY dans les mots commençant par *hyper* (*iper*), *hydrau* ou *hydro* (*idro*) et *hypo* (*ipo*). Ex.: *H*yperbole, *h*ydraulique, *h*ydrogène, *h*ypocrite.

Exceptions :

HIPPO.	Hippocentaure.	Hippogriffe.	Hippomène.
	Hippocrène.	Hippobthe (*pierre*)	Hippopotame.
Hippocrate.	Hippodrome.	Hippolyte.	

(1) Excepté dans *sept de pique, de cœur, de carreau, de trèfle*, et à la fin des phrases ou des membres de phases.

(2) Et autres noms étrangers.

SON **I** MÉDIAL.

1° Le son *i* médial s'écrit par i, Ex.: Minute.

Exceptions :

H.
Annihiler.
Cahier.
Ébahir.
Envahir.
Exhiber.
Prohiber.
Trahir.
Véhicule.

Y.
Acolyte.
Alcyon.
Amaryllis.
Améthyste.
Amphictyon.
Amphitryon.
Amygdale.
Analyse.
Androgyne.
Anonyme.
Anticyre.
Apocalypse.
Apocryphe.
Apophyse.
Archétype.
Asphyxie.
Assyrie.
Azygos.
Azyme ou azime.
Babylone.
Bathylle.
Béryl.
Borborygme.
Borysthène.
Cacochyme.
Callipyge.
Calypso.
Cambyse.
Capys.
Carybde.
Cataclysme.
Chlamyde.
Chrysalide.
Chrysocale.

Chrysocolle.
Chrysolithe.
Chyle.
Chypre.
Cinyre.
Clepsydre.
Clymène.
Clystère.
Cocyte.
Collyre.
Colisée.
Condyle.
Corcyre.
Corybante.
Coryphée.
Coryza.
Cotylédon.
Crypte.
Cyanées.
Cyathe.
Cybèle.
Cyclamen.
Cycle.
Cyclope.
Cygne.
Cylindre.
Cymaise.
Cynique.
Cynoglosse.
Cynosure.
Cyparisse.
Cyprès.
Cypris.
Cyrus.
Cystique.
Cythère.
Cytise.
Dactyle.
Dindymène.
Diphylle.
Dithyrambe.
Dryade.
Dryope.
Dynamique.
Dynastie.
Dyscole.

Dyssenterie.
Dysurie.
Ecchymose.
Égypte.
Élysée.
Embryon.
Emphysème.
Emphytéose.
Empyrée.
Empyreumatique.
Enchymose.
Enthymème.
Encyclopédie.
Éolipyle.
Épiphyse.
Érinnys.
Érysipèle.
Érythrée.
Étymologie.
Glycère.
Gymnase.
Gymnosophiste.
Gynécée.
Gypse.
Gyromancie.
Hamadryade.
Hémoptysie.
Hippolyte.
Homonyme.
Idylle.
Ichthyophage.
Ithys.
Kyste.
Labyrinthe.
Lacrymal.
Lycanthrope.
Lycaon.
Lycée.
Lychoris.
Lychnis.
Lyon.
Lyre.
Martyr.
Martyre.
Métempsycose.
Mitylène.

Myologie.
Myope.
Myosotis.
Myriade.
Myrobolan.
Myrrha.
Myrrhe.
Myrte.
Mystère.
Mystifier.
Mystique.
Mythologie.
Néophyte.
Nyctalogue.
Odyssée.
Onyx.
Oxycrat.
Oxymel.
Palmyre.
Panégyrique.
Paralysie.
Parenchyme.
Physionomie.
Physique.
Phytographie.
Polybe.
Polygame.
Polygone.
Polymnie.
Polype.
Polytechnique.
Porphyre.
Presbyte.
Presbytère.
Prosélyte.
Prototype.
Prytanée.
Pseudonyme.
Psyché.
Psychologie.
Ptyalisme.
Pygmée.
Pyiade.
Pylore.
Pyracanthe.
Pyramide.

2

Pyrénées.	Scyros.	Sylvain.	Thermopyles.
Pyrique.	Scythie.	Symétrie.	Thymus.
Pyrite.	Smyrne.	Synagogue.	Thyroïde.
Pyrologie.	Stagyre.	Synallagmatique.	Thyrse.
Pyromètre.	Style.	Synode.	Tithymale.
Pyrrha.	Stylite.	Synonyme.	Triglyphe.
Pyrrhique.	Styptique.	Synovie.	Transylvanie.
Pyrrhon.	Styx.	Syphilis.	Troglodyte.
Pyrrhus.	Sybarite.	Syracuse.	Type.
Pythagore.	Sybille.	Syrie.	Typographe.
Pythéas.	Sycomore.	Syringe.	Typhon.
Pythie.	Sycophante.	Syrinx.	Typhus.
Python.	Sylla.	Syrte.	Tyr.
Pythonisse.	Syllabe.	Sysigambis.	Tyran.
Rhythme.	Syllepse.	Système.	Ulysse.
Satyre.	Syllogisme.	Systole.	Xylon.
Scylla.	Sylphe.	Syzygie.	Zoophyte.

2° Le son *i* médial s'écrit par Y dans les mots où ce son est double, Ex.: Moyen (*moi-ien*). Excepté *aïeul* et composés, *baïonnette, faïencier, glaïeul*.

SON I FINAL.

1° Le son *i* final s'écrit par IE dans les substantifs et adjectifs féminins, Ex.: Fol*ie*, jol*ie*. Excepté *fourmi, merci, brebis, souris, perdrix* et *nuit*.

2° Le son *i* final s'écrit par IS lorsqu'il amène un *s* dans les dérivés, Ex.: Av*is*, av*iser*. Excepté *favori* et *pli*, bien qu'on ait *favoriser, plisser,* et *appétit* qui fait *appétissant*.

3° Le son *i* final s'écrit par IS dans les substantifs formés d'un verbe par changement du son *i* en ER, IR ou RE, Ex.: Color*is*, color*er*; vern*is*, vern*ir*; abat*is*, abat*tre*.

4° Le son *i* final s'écrit par IT lorsqu'il amène un *t* dans les dérivés, Ex.: Pet*it, petite*. Excepté *abri, favori*.

5° Le son *i* final s'écrit par I dans les substantifs masculins et dans les mots non jugés par les règles précédentes, Ex.: Favor*i*.

Exceptions :

IC.

Arsenic.
Cric.

ID.

Madrid.
Muid.
Nid.

IE.

Bain-marie.
Élie.
Génie.
Impie.
Incendie.
Isaïe.
Jérémie.
Messie.
Sosie.
Tobie.
Urie.
Zacharie.

IL.

Baril.
Chenil.
Coutil.
Fenil.
Fournil. .
Frasil.
Fusil.
Gentil.

Nombril.
Outil.
Persil.
Sourcil.

IS.

Alexis.
Appentis.
Buis.
Cadis.
Cambouis.
Chablis (*vin*).
Chablis (*bois abat-
    tu par le vent*).
Châssis (un).
Chènevis.
Chervis.
Cliquetis.
Denis.
Depuis.
Dervis *ou* dervi-
    che.
Devis.
Fils (1).
Grènetis.
Hormis.
Huis.
Maravédis.
Margouillis.
Mauvis.
Paradis.
Parvis.

Pertuis.
Pis (le).
Pis (tant).
Pourpris.
Puis.
Puits.
Radis.
Rossolis.
Rubis.
Salmigondis.
Salmis.
Salsifis.
Serkis.
Souris *ou* sourire.
Tabis.
Taudis.
Torticolis.
Treillis.
Vis-à-vis.

ICT.

Amict.

IST.

Antechrist (2).
Jésus-Christ.

IT.

Acabit.
Bandit.
Châlit.
Conflit.
Délit.

Esprit.
Habit.
Hanscrit.
Huit, *suivi d'une
    consonne.*
Minuit.
Pissenlit.
Répit.
Rescrit.

IX.

Crucifix.
Dix, *suivi d'une
    consonne.*
Perdrix.
Prix.
Six, *suivi d'une
    consonne.*

IZ.

Riz.

HI.

Ahi !
Spahi.

Y.

Cantorbéry.
Chambéry.
Cluny.
Jury.
Neuilly (3).
Penny (4).

Son O.

SON O INITIAL.

Le son *o* initial s'écrit par o, Ex.: Odeur.

Exceptions :

HO. .

«Ho ! oh !

Hobereau.
«Hoca.
«Hoche.

«Hochepied.
«Hochepot.
«Hocher.

«Hochet.
Hoir.
«Holà !

---

(1) L's se fait aussi entendre.
(2) Le *t* se fait entendre dans *Christ* seul.
(3) Et autres noms de pays.
(4) Et autres noms de langues étrangères.

«Hollande.
Holocauste.
Holopherne.
«Hom !
«Homard.
Homélie.
Homère.
Homicide.
Homme.
Homogène.
Homologuer.
Homonyme.
Homophage.
Homophonie.
Honnête.
Honneur.
«Honnir.
Honorer.
Honoraire.
Hôpital.
«Hoquet.
«Hoqueton.
Horace.
Horaire.
«Horde.
«Horion.
Horizon.
Horloge.
Hormis.
Horoscope.
Horreur.
«Hors.

Hortense.
Hortensia.
Horticulteur.
Hospice.
Hospodar.
Hostie.
Hôtel.
«Hotte.
«Hottentot.

AU.

Au (pour à le).
Aubade.
Aubaine.
Aube.
Aubépine.
Aubère.
Auberge.
Aubier.
Aubin.
Aubry.
Aucun.
Audace.
Aude.
Audience.
Auditeur.
Auge.
Augmenter.
Augure.
Auguste.
Aulide.
Aulique.

Aujourd'hui.
Aumône.
Aumusse.
Aunaie.
Aune (arbre ou me-
    sure).
Aunée.
Auparavant.
Auprès.
Auréole.
Auriculaire.
Aurifère.
Aurore.
Auscultation.
Auspice.
Aussi.
Aussitôt.
Auster.
Austère.
Austrasie.
Austral.
Autan.
Autant.
Autel.
Auteur.
Authentique.
Autocrate.
Auto-da-fé.
Autographe.
Automate.
Automne.
Autopsie.

Autoriser.
Autour.
Autoursier.
Autre.
Autrefois.
Autriche.
Autruche.
Autrui.
Auvergne.
Auvent.
Auvernat.
Auxiliaire.
Auxerre.
Eau.

AO.

Aoriste.

HAU.

«Hauban.
«Haubert.¶
«Hausser et compo-
    sés.
«Haut et composés.
«Hautbois.
«Hautain.
«Hautesse.
«Hauteur.

HEAU.

«Heaume.
«Heaumerie.

SON **O** MÉDIAL.

1° Le son *o* médial s'écrit par ó, Ex.: Momie.

Exceptions :

AU.

Aéronaute.
Applaudir.
Argonaute.
Baccalauréat.
Baguenaude.
Balauste.
Baudet.
Baudir.
Baudrier.
Baudruche.
Bauge.

Baume.
Baunir.
Bauquin.
Billebaude.
Blaude.
Bucentaure.
Caucase.
Cauchemar.
Cauchois.
Caudataire.
Caudebec.
Cause.
Causticité.

Cautère.
Caution et compo-
    sés.
Cauteleux.
Centaure.
Centaurée.
Chaudière.
Chauffer.
Chaufournier.
Chaume.
Chaumière.
Chausse et compo-
    sés.

Chaussée.
Chaussée (rez-de-)
Chausser.
Chauve.
Chauvir.
Chevaucher.
Chiquenaude.
Clabaudage.
Claude.
Claudication.
Clause.
Claustral.
Daube.

Dauphin.
Débauche.
Ébauche.
Ébaudir.
Éfaufiler.
Embauchage.
Émeraude.
Encaustique.
Épaule.
Épidaure.
Exaucer.
Faubourg.
Faucher.
Faucille.
Faucon.
Faufiler.
Faune.
Faussaire.
Faute.
Fauteuil.
Fauteur.
Fauve.
Fauvette.
Fraude.
Gauche.
Gaudir.
Gauffre *et composés*
Gaule.
Gaupe.
Gaures.
Gausser.
Giraumont.
Glauque.
Guimauve.
Hippocentaure.
Holocauste.

Hydraulique.
Jauge.
Jaune.
Justaucorps.
Laudanum.
Laudes.
Laurier.
Maraude.
Maréchaussée.
Mauclerc.
Maudire.
Maugréer.
Maugrenu.
Maupiteux.
Maure.
Mausolée.
Maussade.
Mauvais.
Mauve.
Mauviette.
Mauvis.
Miauler.
Mijaurée.
Minauder.
Minotaure.
Naufrage.
Naulage.
Nausée.
Nautile.
Nautonnier.
Pataud, *jeune chien*
Patauger.
Pauci-flore.
Paucité.
Paul.
Paume.

Paumelle.
Paumette.
Paumure.
Paupière.
Pause.
Pauvre.
Pétaudière.
Piauler.
Plaute.
Plausible.
Psaume.
Rauque.
Ravaudage.
Restaurer.
Royaume.
Sauce.
Saucisse.
Sauf.
Sauge.
Saule.
Saugrenu.
Saunage.
Saunier.
Saupiquet.
Saupoudrer.
Saur (hareng).
Saure.
Sauvage.
Sauver.
Sauvetage.
Sénéchaussée.
Tarauder.
Taudion.
Taudis.
Taupe.
Taupins (les).

Taure.
Tauride.
Tautologie.
Thaumaturge.
Thésauriser.
Vaudeville.
Vau-l'eau.
Vaurien.
Vautour.
Vautrer.
Vol-au-vent.

AO.

Saône.

EAU.

Beaucoup.
Beaune.
Épeautre.
Peautre.

OI.

Encoignure (1).
Moignon.
Poignard.
Poignet.

ON.

Monsieur.

UM.

Duumvir.
Triumvir.
Te Deum *et autres mots en um venus du latin.*

2° Le son *o* médial s'écrit par AU dans les mots terminés par AUTÉ (*ôté*), Ex.: Papauté. Excepté *beauté, nouveauté, prévôté.*

SON O FINAL.

1° Le son *o* final s'écrit par os lorsqu'il amène un *s* dans les dérivés, Ex.: Propos, *proposer.* Excepté *dépôt, entrepôt* et *impôt,* bien qu'on dise *déposer, entreposer, imposer.*

2° Le son *o* final s'écrit par OT lorsqu'il amène un *t* dans

---

(1) Ou *encognure.* Le son *oi,* dans les quatre mots suivants, se prononce *o.*

les dérivés, Ex.: Fago*t*, *fagoter*. Excepté *haut, saut, coco, ergo, sirop* et *goth*, bien qu'on dise *haute, sauter, cocotier, ergoter, siroter* et *gothique*.

3° Le son *o* final s'écrit par AUD lorsqu'il amène un *d* dans les dérivés, Ex.: Fin*aud*, *finaude*. Excepté *boyau*, bien qu'on dise *boyauderie*.

4° Le son *o* final s'écrit par EAU dans les mots non jugés par les règles précédentes, Ex.: Fard*eau*.

Exceptions :

AUD.

Archambaud
   (Bourbon-l').
Arnaud.
Baud.
Cabillaud.
Réchaud.
Rochefoucauld.

AUT.

Artichaut.
Assaut.
Boucaut.
Défaut.
Escaut.
Hainaut.
Héraut.
Hurhaut.
Levraut.
Monaut.
Quartaut.
Soubresaut.
Taïaut.

AU.

Aloyau.
Bacaliau.
Étau.
Fabliau.
Fléau.
Gluau.
Gruau.
Hoyau.
Joyau.
Landernau.
Noyau.
Préau.

Sarrau *ou* sarrot.
Tuyau.
Vau-de-route.

AUX.

Aulx.
Bestiaux.
Caux.
Chaux.
Faux (une).
Faux (*adjectif*).
Glaux.
Matériaux.
Paraphernaux.
Pénitentiaux.
Taux.
Vitraux.

EAUX.

Bordeaux.
Ciseaux.
Gémeaux.
Houseaux.
Meaux.
Ouvreaux.

O.

Apoco.
Baroco.
Bobo.
Cacao.
Calypso.
Clio.
Crescendo.
Dodo.
Domino.
Écho.
Embargo.

Erato.
Ex-abrupto.
Ex-professo.
Ex-voto.
Gogo.
Go (tout de).
Halo.
Haro.
Héro.
Hidalgo.
Imbroglio.
Incognito.
Ino.
Io.
In-folio *et analog.*
In petto.
Ipso facto.
Lavabo.
Lô (Saint-).
Loto.
Malo (Saint-).
Memento.
Mezzo-tinto.
Piano.
Pô.
Presto.
Quasimodo.
Quiproquo.
Recto.
Sapho.
Solo.
Vertigo.
Virago.
Verso.
Zéro.

OC.

Accroc.

Broc.
Croc.
Escroc.
Raccroc.

OP.

Galop.
Trop.

OS.

Campos.
Chaos.
Héros.
Los.

OT.

Aussitôt.
Berlingot.
Bientôt.
Billot.
Brûlot.
Cachalot.
Cachot.
Caillot.
Callot.
Camelot.
Canot.
Chariot.
Chicot.
Coquelicot.
Culot.
Écot.
Ergot.
Escargot.
Falot.
Galipot.
Garrot.
Gigot.

Godenot.	Loriot.	Pavot.	Sot-l'y-laisse.
Goulot.	Lot.	Persicot.	Subrécot.
Grelot.	Magot.	Pied-bot.	Suppôt.
Halot.	Massicot.	Pilot.	Tantôt.
Haricot.	Mélilot.	Plus tôt.	Tôt.
Hochepot.	Minot.	Plutôt.	Turbot.
Ilot.	Mulot.	Pouliot.	
Javelot.	Nabot.	Ragot.	**OQ,**
Larigot.	Paquebot.	Sarrot *ou* sarrau.	Coq d'Inde.

Son *U.*

SON U INITIAL.

Le son *u* initial s'écrit par u, Ex.: Usage.

Exceptions :

HU.	Huile.	Humain.	«Huppe.
	«Huilerie.	Humérus.	«Hure.
Huaux.	Huis.	Humecter.	«Hurler.
«Huche.	Huisserie.	«Humer.	Hurhaut.
«Hucher.	Huissier.	Humeur.	Hurluberlu.
Hue.	«Huit.	Humide.	«Huron.
«Huer.	Huître.	Humilier.	«Hussard.
«Huguenot.	Hulot.	Humus.	«Hutte.
Hugues.	Hulotte.	«Hune.	

SON U MÉDIAL.

Le son *u* médial s'écrit par u, Ex.: Museau. Excepté gageure, aleurir, cahutte, exhumer, inhumer et marrhube.

SON U FINAL.

1° Le son *u* final s'écrit par u, Ex.: Fétu.

Exceptions :

HU.	**UL.**	Plus.	Fût.
Copahu.	Cul *ou* cu.	Pus.	Préciput.
Jéhu.		Surplus.	Rut.
	US.	Sus.	
HUT.	Cabus.	Talus.	**UX.**
Bahut.	Dessus.	Verjus.	Flux.
	Jésus.		Reflux.
	Jus.	**UT.**	
		Belzébuth.	

2° Le son *u* final s'écrit par UE dans les mots féminins ;
Ex.: Bév*ue*. Excepté *bru, glu, tribu, vertu*.

3° Le son *u* final s'écrit par US lorsqu'il amène un *s* dans
les dérivés. Ex.: Pl*us*, plusieurs. Sans exception.

4° Le son *u* final s'écrit par UT lorsqu'il amène un *t* dans
les dérivés; Ex.: B*ut, buter*. Excepté *glu*, bien qu'on dise
glutineux, et *tribu* (partie du peuple); mais *tribut*, ce qu'un
État paye à un autre, est régulier, puisqu'on dit *tributaire*.

Son *AN*.

SON AN INITIAL.

1° Le son *an* initial s'écrit par AN, et par AM devant *b* et *p*,
Ex.: *A*ngoisse, *a*mbition, *a*mpoule.

Exceptions :

HAM.

Ham.
Hambourg.
Hambouvreux.
«Hampe.

HAN.

Han.
«Hanche.
«Hangar.
«Hanscrit.
«Hanse.
«Hanter.

EM.

Embaucher.
Embargo.
Emblée (d').
Emblématique.
Embrasure.
Emblaver.
Embryon.
Embusquer.
Empan.
Empanon.
Empasme.
Empêcher.
Empeigne.

Empereur.
Empeser.
Empêtrer (s').
Emphatique.
Emphysème.
Emphytéose.
Empirance.
Empire.
Empirique.
Emplastique.
Emplâtre.
Emplette.
Emplir.
Emploi.
Empois.
Emporétique.
Empreinte.
Emprunter.
Empyrée.
Empyocèle.
Empyreumatique.

EN.

Encan.
Encaster.
Encastrer.
Encaustique.
Encens.
Enchalage.

Enchifrener.
Enchymose.
Enclin.
Enclitique.
Enclume.
Encombrer.
Encorbellement.
Encore.
Encre.
Encrer.
Encyclopédie.
Endémique.
Endenté.
Endêver.
Endive.
Endroit.
Enduire.
Enfant.
Enfer.
Enfin.
Enfler.
Enfoncer.
Engeance.
Engin.
Engonate.
Engoncer.
Engouer.
Engrais.
Engri.

Engyscope.
Enjabler.
Enjarreté.
Enjôler.
Enjoué.
Enlarmer.
Enluminer.
Ennuyer (s').
Enquête.
Enrouer (s').
Enseigne.
Ensemble.
Ensevelir.
Ensiforme.
Ensimer.
Ensuite.
Entamer.
Entéléchie.
Entendre.
Enter.
Entériner.
Enthousiasme.
Enthymème.
Enticher.
Entier.
Entité.
Entoir.
Entomologie.
Entrailles.

Entre.	Envahir.	Envier.	**HEN.**
Entrechat.	Envelopper.	Environner.	
Entregent.	Envers.	Envoyer.	Henri.
Entrer.	Envi (à l').		Henriade.

2° Le son *an* initial s'écrit par EN et EM devant *b* et *p* dans les composés et les sur-composés de EN (*in* des Latins) et de ENTRE, Ex.: *En*tonner, de *tonne; em*barquer, de *barque; em*pâter, de *pâte; entre*prendre, de *prendre.* Sans exception.

SON AN MÉDIAL.

1° Le son *an* médial s'écrit par EN dans les verbes en ENDRE (*andre*), Ex.: Mé*prendre.* Excepté *épandre* et *répandre.*

2° Le son *an* médial s'écrit par EN dans les mots terminés en ENCE (*ance*) venant d'un mot en ENT (*an*), Ex.: Prudence, de *prudent.* Sans exception. (Voir le son *an* final qui s'écrit par ENT, règle 3 du son final *an*.)

3° Le son *an* médial s'écrit par AN et par AM devant *b* et *p*, Ex.: Mandarin, panse, stance, cambrer, camper, et dans les mots non jugés par les règles 1 et 2.

Exceptions :

ANG.	Audience.	Centon.	Componende.
	Augmenter.	Centre.	Compréhensible.
Sangsue.	Authentique.	Centumvir.	Condensation.
	Aventure.	Centurie.	Conférence.
EM, EN.	Bénéficence (1).	Cependant.	Connivence.
	Cadence.	Circonférence.	Contempler.
Abstention.	Calembour.	Commencer.	Contentieux.
Agencer.	Calembredaine.	Commendataire.	Contention.
Amende.	Calendes.	Commende, usu-	Contravention.
Appentis.	Calendrier.	fruit d'un béné-	Convention,
Appréhender.	Cendre (2).	fice.	Crédence.
Apprentis.	Censé.	Commensal.	Décembre.
Ascendant.	Censure.	Commensurable.	Défense.
Ascension.	Centaure.	Commentaire.	Déférence.
Assembler.	Centaurée.	Commenter.	Délitescence.
Attente.	Centenaire.	Compensation.	Démence.
Attention.			

(1) Les mots de cette liste en *ence* et en *ense* ne peuvent se juger par la règle 2.
(2) Les autres substantifs en *andre* sont réguliers, Ex.: Alexandre, esclandre, etc.

Denrée.
Dense (*épais*).
Dépense.
Déshérence.
Désinence.
Détenteur.
Dimension.
Dispensateur.
Dispense.
Dissension.
Dividende.
Dyssenterie.
Effervescence.
Efflorescence.
Encenser.
Ensemble.
Essence.
Essentiel.
Étendard.
Étendue.
Éventé.
Éventuel.
Évidence.
Exemple.
Exempter.
Existence.
Expérience.
Expérimenter.
Extension.
Faïence.
Fente.
Fiente.
Florence.
Fomenter.
Gencive.
Gendarme.
Gendre (1).
Genre.
Gentiane.
Gentil.
Gingembre.
Hottentot.
Identifier.
Immense.
Impense.
Incendie.
Inexpérience.
Intense.
Intention.

Intervention.
Intumescence.
Inventer.
Jouvence.
Jurisprudence.
Lamenter.
Légende.
Lendemain.
Lendore.
Lente.
Lentille.
Lentisque.
Licence.
Magnificence.
Malencontreux. '
Manutention.
Mayence.
Membre.
Mendier.
Mense *et composés*.
Mensuel.
Mental.
Menthe.
Mention.
Mentir.
Menton.
Mésentère.
Métempsycose.
Munificence.
Nomenclature.
Novembre.
Obédience.
Obtention.
Occurrence.
Offense.
Ostensible.
Parenchyme.
Parenthèse.
Passementier.
Patente.
Pencher.
Pendant.
Pendard.
Pendeloque.
Pendule.
Pénitentiaux.
Penser.
Pension.
Pensylvanie.

Pentagone (2).
Pente.
Pentecôte.
Péremptoire.
Perpendiculaire.
Pervenche.
Pestilence.
Pissenlit.
Potence.
Potentat.
Potentiel.
Prébende.
Préférence.
Prescience.
Prétention.
Prévention.
Propension.
Provence.
Providence.
Quintessence.
Ralentir.
Ramentevoir.
Recenser.
Récipiendaire.
Récompense.
Rédemption.
Remblai.
Réminiscence.
Rempart.
Rencontre.
Renfort.
Rente.
Rentrer.
Repentir.
Résipiscence.
Resplendir.
Rétention.
Retentir.
Réticence.
Revendication.
Révérence.
Sapience.
Science.
Scolopendre.
Sédentaire.
Sembler.
Semence.
Sensé.
Sensitive.

Sensuel.
Sentence.
Sentène.
Sentier.
Sentine.
Sentinelle.
Sentir.
Septembre.
Septentrion.
Séquence.
Silence.
Splendeur.
Stipendier.
Stentor.
Subvention.
Suspension.
Sustenter.
Taugente.
Tarentule.
Temple.
Tempérer.
Tempête.
Tendre, *adjectif*.
Tension *et comp*.
Tente *d'armée.*.
Tenter.
Tenture.
Térébenthine.
Térence.
Tourmente.
Transcendance (3)
Trembler.
Tremper.
Tremplin.
Trente.
Turgescence.
Ustensile.
Valence.
Vendange (4).
Vendéen.
Vendication.
Venger.
Vente.
Venter.
Ventre.
Vicence.
Vilipender.
Zemble (Nou-
   velle-).

(1) Voir la note 2 de la page précédente.
(2) Et autres mots en *penta*.
(3) Le 1er et le 2e son *an* sont réguliers.
(4) Le 2e son *an* est régulier.

SON **AN** FINAL.

1° Le son *an* final s'écrit AND lorsqu'il amène un *d* dans les dérivés, Ex.: Fri*and*, *friande*. Excepté *brelan* et *faisan*, bien qu'on dise *brelander, faisanderie*.

2° Le son *an* final s'écrit par ANT dans les mots formés d'un verbe par changement de la finale *ant* ou *issant*, en ER, IR, RE et OIR, Ex.: Chant*ant*, *chanter*; fin*issant*, *finir*; répond*ant*, *répondre*; dev*ant*, *devoir*.

Cette règle juge les participes présents de tous les verbes.

Exceptions :

ENT (1).	Convergent.	Excellent.	Président.
Adhérent.	Différent.	Expédient.	Révérend (2).
Affluent.	Émergent.	Négligent.	Violent.
Agent.	Équivalent.	Précédent.	

3° Le son *an* final s'écrit par ENT : 1° dans les mots formés d'un verbe par retranchement, Ex.: Fréqu*ent*, *fréquenter*; les dérivés en *anse* conservent l'*e*, Ex.: Fréqu*ence*; 2° dans les mots qui ont un T dans les dérivés, Ex.: Occid*ent*, *occidental*.

Exceptions :

ANT.	Belligérant.	Galant.	Messéant.
Aimant, *subst.*	Constant.	Géant.	Néant.
Amant (3).	Convaincant.	Gluant.	Nonchalant.
Ambiant.	Dirimant.	Impétrant.	Odoriférant.
Ambulant (4).	Distant.	Inconstant.	Pédant.
Appétissant.	Élégant.	Infant.	Pétulant.
Ascendant.	Éléphant.	Joignant.	Pendant.
Attrayant.	Exorbitant.	Malveillant.	Pimpant.
Béant.	Fainéant.	Méchant.	Poignant.
Bienséant.	Flagrant.	Mécréant.	Puissant.

---

(1) Les dérivés en *ance* des quatorze mots suivants s'écrivent par ENCE, Ex.: Adhérence, etc.

(2) On écrit *irrévérent*.

(3) *Amant* et les mots suivants amènent un *t* dans les dérivés ainsi que tous les participes présents des verbes. Toutefois, ils font exception au n° 2 de la règle 3.

(4) Les mots de cette liste dont les dérivés sont en *ance* conservent l'*a*. Ex.: Ambulance, constance, etc.

Récalcitrant.	Vaillant.	Chant.	**END, ENS**
Sémillant.	Verdoyant.	Enfant.	**EMPT**
Stagnant.	Vigilant.	Gant.	Encens.
Suffragant.	Ban (1).	Garant.	Exempt.
Surprenant.	Camp.	Plant.	Refend.
Transcendant.			Suspens.

4° Le son *an* final s'écrit par ENT dans les substantifs en MENT (*man*); Ex.: Firma*ment*.

Exceptions :

MAND.	**MAN.**	Musulman.	Amant.
		Ottoman.	Diamant.
Allemand (2).	Caïman.	Roman.	Dirimant.
Flamand.	Doliman.	Talisman.	Flamant, *oiseau*.
Gourmand.	Drogman.		Nécromant.
Normand.	Iman.	**MANT.**	
	Maman.	Aimant.	

5° Le son *an* final s'écrit par ENT dans les adverbes en MENT (*man*), Ex.: Fatale*ment*. Sans exception.

6° Le son *an* final s'écrit par AN dans les mots non jugés par les règles précédentes, Ex.: Forb*an*.

Exceptions :

ANC.	**AM.**	Dans.	Instant.
		Dedans.	Maintenant.
Banc.	Adam.	Haubans.	Manant.
Blanc.	Beiram *ou* baïram	Mans (le).	Mordicant.
Fer-blanc.	Dam.	Orléans.	Moyennant.
Flanc.	Quidam.	Sans.	Nonobstant.
Franc.			Ponant.
	AON.	**ANT.**	Pourtant.
AND.	Faon.	Adjudant.	Prédicant.
Quand.	Laon.	Auparavant.	Quant.
	Paon.	Autant.	Réfrigérant.
ANG.		Avant.	Tant.
Étang.	**AMP.**	Brabant.	
Hareng.	Champ.	Brisant.	**ENS.**
Orang-outang.	Fécamp.	Cependant.	Acens.
Rang.	Guingamp.	Chat-huant.	Cens.
Sang.		Clinquant.	Encens.
	ANS.	Devant.	Gens.
	Céans.	Dorénavant.	Guet-apens.

---

(1) Publication, exil. Exception au n° 1 de la règle première.
(2) Ce mot et les trois suivants se jugent aussi par la règle n° 3 du son final AN.

Longtemps.	Auvent.	Escient.	Récipient.
Sens.	Avent.	Évent.	Sergent.
Suspens.	Bénévent.	Gent.	Souvent.
Temps.	Chiendent.	Inconvénient.	Talent.
	Couvent.	Onguent.	Torrent.
ENT.	Déponent.	Ponent.	Trident.
Adent.	Entregent.	Quotient.	Vincent.

Son *EU*.

SON **EU** INITIAL.

Le son *eu* initial s'écrit par EU, Ex.: *Eu*diomètre.

Exceptions :

HEU.	Heure.		**Œ.**	Œuf.
Heu!	Heureux.			Œillet.
Heur.	«Heurt.	Œil.		Œuvre.
	«Heurter.	Œillère.		

SON **EU** MÉDIAL.

Le son *eu* médial s'écrit par EU, Ex.: M*eu*te.

Exceptions :

ŒU.	Mœuf.		**HEU.**	**UE.**
Bœuf.	Mœurs.			Accueil.
Chœur.	Manœuvre.		Bonheur.	Cercueil.
Cœur.	Sœur.		Malheur.	cueil.
				Orgueil.

SON **EU** FINAL.

1° Le son *eu* final s'écrit par EU dans les substantifs de cette terminaison, Ex.: F*eu*.

Exceptions :

EUE.	**EUR.**		**ŒUD.**	Bœufs (des).
Banlieue.	Monsieur *et* messieurs.		Nœud.	Œufs (des).
Lieue.				**ŒU.**
Queue.	**EUT.**		**ŒUF.**	Vœu.
	Peut-être.		Bœuf gras.	

2° Le son *eu* final s'écrit par EUX dans les adjectifs de cette terminaison, Ex.: Fougu*eux*. Excepté *bleu*.

3

Son *IN*.

SON IN INITIAL.

Le son *in* initial s'écrit par IN ou par IM devant *b* et *p*, Ex.: *In*dien, *im*biber, *im*posteur. Excepté *ain*si.

SON IN MÉDIAL.

1° Le son *in* médial s'écrit par IN ou par IM devant *b* et *p*, Ex.: Mé*nin*ge, *bim*belotier.

Exceptions :

AIN.	Bengale.	Sensorium.	Symbole.
Crainte.	Benjamin.	Spencer.	Sympathie.
Maintenant.	Benjoin.		Symphyse.
Maintes fois.	Bientôt.	YM, YN.	Symptôme.
Maintenir.	Compendium.	Bérécynthe.	Syncope.
Plainte.	Crescendo.	Corymbe.	Synchrone.
Sainfoin.	Memento.	Cymbale.	Syndérèse.
Vaincre.	Memphis.	Larynx.	Syndic.
	Mentor.	Lymphe.	Syntaxe.
EN.	Pensum.	Lynx.	Synthèse.
	Placenta.	Nymphe.	Tympan.
Agenda.	Rhododendron.	Olympe.	Tyndare.
Appendice.	Sempiternel.	Pharynx.	

2° Le son *in* médial s'écrit par EIN dans les mots terminés en EINDRE (*indre*), Ex.: P*eindre*. Excepté c*raindre*, cont*raindre* et p*laindre*.

SON IN FINAL.

1° Le son *in* final s'écrit par IN, Ex.: F*in*.

Exceptions :

AING.	Essaim.		Bouchain.
Parpaing.	Étaim, *laine fine.*	AIN.	Châtain.
AIM.	Faim.	Ain.	Couvain ou cou-
	Malefaim.	Airain.	vein.
Daim.		Andain.	Dédain.
		Bain.	Demain.

Diocésain.	Regain.	Instinct.
Douvain.	Sacristain.	Succinct.
Écrivain.	Sixain.	
Étain.	Sylvain.	**INS.**
Fusain.	Tain.	Matassins.
Gain.	Terrain.	Moins.
Jourdain.	Train.	Moulins.
Lendemain.	Vain.	Provins.
Levain.	Zain.	Taupins.
Louvain.		
Lucain.	**AINT.**	**INT.**
Main *et composés.*	Maint.	Adjoint.
Massepain.	Saint.	Appoint.
Merrain.	Toussaint.	Joint.
Nonnain.		Oint.
Pain.	**EIN.**	Point.
Parrain.	Dessein.	Quint.
Plain.	Frein.	Suint.
Plantain.	Rein.	
Poulain.	Sein.	**YN.**
Quatrain.		Apocyn *ou* apocin
Refrain.	**EING.**	Thym.
	Seing.	

EINT.
Atteint. Ceint. Teint *et composés.*

EN.
Examen. Hymen. Lycéen.

HIN.
Cahin-caha.

ING.
Poing.

INQ.
Cinq, *suivi d'une consonne.*

INCT.
Distinct.

2° Le son *in* final s'écrit par AIN dans les mots qui ont le féminin en AINE (*ène*), purit*ain*, *puritaine*. Excepté pl*ein*, ser*ein*, vendé*en*, bien qu'on dise *pleine, sereine, vendéenne.*

3° Le son *in* final s'écrit par EN dans les mots en IEN, Ex.: Fabric*ien*. Sans exception.

Son *OI* (prononcez *oa*).

SON OI INITIAL.

Le son *oi* initial s'écrit par OI, Ex.: Oiseau. Excepté *hoir, hoirie, hoyau.*

SON OI MÉDIAL.

1° Le son *oi* médial s'écrit par OI, Ex.: Moineau. Sans exception.

2° Le son *oi* médial s'écrit par OY dans les mots où l'on entend le son double (*oi-i*). Ex.: M*oy*en. Sans exception.

SON OI FINAL.

1° Le son *oi* final s'écrit par oi dans les mots masculins de cette terminaison, Ex.: Roi.

Exceptions :

OID.	Autrefois.	Patois.	Benoît.
Froid.	Auxerrois.	Poids.	Doigt.
	Barrois.	Pois.	Droit.
OIE.	Blois.	Putois.	Endroit.
Foie (le).	Carquois.	Quelquefois.	Étroit.
	Empois.	Tapinois.	Exploit.
OIS.	Gravois.	Tournois.	Surcroît.
	Grégeois.	Toutefois.	Toit.
Abois.	Guingois.		
Alenois.	Hautbois.	**OIT.**	**OIX.**
Anchois.	Minois.	Accroît.	Foix.
Arbois.	Mois.	Adroit.	Mirepoix.
Artois.	Narquois.		

2° Le son *oi* final s'écrit par oie dans les mots féminins de cette terminaison, Ex.: Joie, proie. Excepté *foi* (la), *fois* (une), *loi* (la), *paroi* (une).

3° Le son *oi* final s'écrit par ois lorsqu'il amène un *s* dans les dérivés, Ex.: Mat*ois*, *matoise*. Excepté *choix, croix, noix, poix* et *voix*, bien qu'on ait *choisir, croiser, noisette, poisser* et *vociférer*.

Son ON.

SON ON INITIAL.

Le son *on* initial s'écrit par on, Ex.: Oncle, et par om devant *b* et *p*, Ex.: Ombrage, Omphale.

Exceptions :

HON.	«Hongrois.		Unguis.
Hombre.	«Honte.	**UN.**	Ungulé.
Hongre	«Honteux.	Unciforme.	

SON ON MÉDIAL.

Le son *on* médial s'écrit par on et par om devant *b* et *p*, Ex.: Monde, colombe, compère.

Exceptions :

ON, OM.	Embonpoint.	Dompter (2).	**UN.**
Bonbon (1).	**OMP.**	Escompte.	Junte.
Comte.		Indompter (2).	Punch.
	Compte.		Rumb.

SON **ON** FINAL.

1° Le son *on* final s'écrit par ON, Ex.: Fla*con*, et dans tous les mots en ION, Ex.: Médicati*on*.

Exceptions aux mots en ON :

OMB.	Plafond.	Riom.	Tâtons (à).
Aplomb.	Sigismond.	Surnom.	**ONT.**
Colomb.	Tréfond.	**AON.**	Amont.
Plomb.	**ONG.**	Taon.	Chaumont.
ONC.	Long.	**ONS.**	Clermont.
Jonc.	**OM.**	Châlons.	Dont.
Tronc.	Condom.	Bas-fonds.	Giraumont.
OND.	Nom.	Fonds.	Hellespont.
Bond *et composés.*	Prénom.	Reculons (à).	Négrepont.
Pharamond.	Pronom.	Répons.	Pont.
	Renom.	Soissons.	Prompt.

2° Le son *on* final s'écrit par OND ou ONT lorsqu'il amène un *d* ou un *t* dans les dérivés. Ex.: F*ond*, *fondation;* fr*ont*, *frontal.* Sans exception.

Son OU.

SON **OU** INITIAL.

Le son *ou* initial s'écrit par OU, Ex.: Ouvrage.

Exceptions :

HOU.	«Houblon.	«Houle.	«Houppe.
Houari.	«Houe.	«Houlette.	«Houppelande.
	«Houille.	«Houleux.	«Houra.

---

(1) Exception à la règle qui veut M devant *b* et *p.*
(2) Le P ne se prononce pas.

3.

«Hourdage.   «Houseaux.   «Houssine.   Wisk, pr. *ouisk, et*
«Hourder.   «Houspiller.   «Houx.   *quelques noms é-*
«Houret.   «Houssaie.   *trangers.*
«Houri.   «Housse.   **W.**
«Hourvari.   «Housset.   Wiski, pr. *ouiski.*

SON OU MÉDIAL.

Le son *ou* médial s'écrit par ou, Ex.: Mouchoir.

Exceptions :

U.	Équateur.	Quadrature (1).	Quinquagésime(2)
	Équation.	Quanquam.	Quaker.
Aquatile.	In-quarto.	Quinquagénaire (2	

SON OU FINAL.

1° Le son *ou* final s'écrit par ou dans les substantifs masculins, Ex.: F*ou.*

Exceptions :

OUP.	Remous.	Debout.	Époux.
	Sous.	Marabout.	Houx.
Beaucoup.	Tous.	Moût.	Jaloux.
Coup.	Vous.	Partout.	Poux.
Loup.		Surtout.	Roux.
OUS.	**OUT.**	Tout *et composés.*	Toux.
	Août.	**OUX.**	Vertuchoux.
Dessous.	Atout.	Courroux.	**OU.**
Nous.	Brou *de noix.*	Doux *et composés.*	Soû ou soûl.
Pouls.	Coût.		

2° Le son *ou* final s'écrit par OUE dans les substantifs féminins, Ex.: B*oue.* Sans exception.

3° Le son *ou* final s'écrit par OUT lorsqu'il amène un *t* dans les dérivés, Ex.: B*out, bouter.* Excepté *absous* et *dissous, bijou, caill*ou, *cl*ou et *fil*ou, bien qu'on dise *absoute, dissoute, bijoutier, caillouter, cloutier* et *filouter.*

---

(1) *Quadrature* des horlogers se prononce *cadrature.*
(2) Se prononcent *cuin-coua-génaire, cuin-coua-gésime.*

Son *UN*.

SON UN INITIAL.

Le son *un* initial s'écrit par UN, Ex.: *Un*. Excepté hum*ble*.

SON UN MÉDIAL.

Le son *un* médial s'écrit par UN, Ex.: Déf*un*te. Sans exception.

SON UN FINAL.

Le son *un* final s'écrit par UN, Ex.: Br*un*. Excepté *parf*um, *à je*un, *les H*uns, *déf*unt, *empr*unt.

SONS CONSONNES.

1° Les sons consonnes simples sont : B, C dur, D, F, G dur, J, L, M, N, P, R, S, T, V et Z.

2° Les sons consonnes doubles sont : CH, GN et X; celui-ci se prononce *gs* ou *çs*.

Son *B*.

SON B INITIAL.

Le son *b* initial s'écrit par B, Ex.: *B*onde. Sans exception.

SON B MÉDIAL.

Le son *b* médial s'écrit par B, Ex.: Mori*b*ond. Excepté Ab-*batial*, *abbaye; abbé, rabbin* et *sabbat*.

SON B FINAL.

Le son *b* final s'écrit par BE, Ex.: Four*be*.

Exceptions :

B.	Club.	Raab.	BES.
	Jacob.	Radoub.	
Ab irato.	Joab.	Rob.	Antibes.
Ab ovo.	Job.	Rumb.	Thèbes.
Achab.	Moab.		

Son *C* dur.

SON C DUR INITIAL.

1° Le son *c* dur initial s'écrit par C devant les voyelles *a*, *o* et *u*, Ex.: *C*afé, *c*olosse, *c*ube.

Exceptions :

CH.

Chalcédoine.
Chalcographie.
Chaldaïque.
Chaldéen.
Chalibé.
Cham.
Chanaan.
Chaos.
Charybde.
Chlamyde.
Chloé.
Chlore.
Chlorose.
Cholédoque.
Choléra.
Chœur.
Chondrille.

Chorégraphie.
Choroïde.
Choriste.
Chorus.
Chromatique.
Chrome.
Chronique.
Chronologie.
Chronomètre.

K.

Kabak.
Kabile.
Kabiu.
Kali.
Kalmouck.
Kan *ou* khan.
Kangiar.
Kaolin.

Klephte.
Knout.

Q.

Quai.
Quaker.
Qualifier.
Qualité.
Quand.
Quanquam.
Quanquan *ou* can-
   can.
Quant.
Quantième.
Quantité.
Quarante.
Quarrer *ou* carrer.
Quart.
Quartaut.

Quartier.
Quarto (in-).
Quartz.
Quasi.
Quasimodo.
Quaterne.
Quatorze.
Quatrain.
Quatre.
Quatriennal.
Quatuor.
Quoailler.
Quoi.
Quoique.
Quolibet.
Quote-part.
Quotidien.
Quotient.
Quotité.

2° Le son *c* dur initial s'écrit par QU devant *e* et *i*, Ex.:
Quête, *q*uine.

Exceptions :

CH.

Chélidoine.
Chersonèse.
Chéiroptère.
Chirographie.
Chiromancie.

Chrême (saint).
Chrétien.
Christ.
Chrysalide.
Chrysanthème.
Chrysocale.

Chrysolithe.
Chrysologue.
Chrysostome.

K.

Kermès.

Kermesse.
Kilogramme.
Kiosque.
Kyrielle.
Kirsch-wasser.
Kyrié éléison.

3° Le son *c* dur initial s'écrit par QU dans les mots commençant par QUADR (pr. *couadr*), Ex.: *Q*uadrige. Sans exception.

SON C DUR MÉDIAL.

1° Le son *c* dur médial s'écrit par c devant *a*, *o*, *u*, ou une
consonne, Ex.: Macaron, locomotive, maculer, nacre, etc.

Exceptions :

CC.

Baccalauréat.

Bacchanal.
Bacchante.
Bacchus.

Beccabunga.
Beccard, *femelle du
   saumon.*

Buccale.
Ecclésiaste.
Ecclésiastique.

Eccopée.
Eccoprotique.
Eccorthatique.
Eccrinologie.
Ecchymose.
Peccable.
Peccadille.
Peccata.
Peccavi.
Saccade.
Saccager.
Saccharoïde.
Siccatif.

CH.

Anachorète.
Anachronisme.
Archaïsme.
Archange.
Archonte.

Atechnie.
Calchas.
Catachrèse.
Cathécumène.
Cochléaria.
Drachme.
Écho.
Eucharistie.
Exarchat.
Halotechnie.
Ichneumon.
Ichoreux.
Ichthyophage.
Ischurie.
Machabée.
Machaon.
Nabuchodonosor.
Panchaïe.
Polytechnique.
Psychologie.

Pyrotechnie.
Saccharoïde.
Scholiaste *ou* sco-
　　liaste.
Scholie *ou* scolie.
Synchrone.
Technique.

K.

Moka.
Tokai.
Ukase.

Q.

Adéquat.
Aliquote.
Antiquaire.
Attaquable.
Cinquante.

Clinquant.
Clinquart.
Colliquation.
Coquard.
Coquâtre.
Critiquable.
Équarrir.
Équation.
Immanquable.
Laquais.
Liquation.
Liquoreux.
Loquace.
Narquois.
Reliquat.
Remarquable.
Risquable.
Squammeux.
Squarreux.

2° Le son *c* dur médial s'écrit par QU devant *e* et *i*, Ex.:
Marquette, marquisat, équestre, équilatéral, etc.

Exceptions :

CH.

Archétype.
Archiépiscopal (1)
Brachial.
Bronchial.
Cachexie.

Ecchymose.
Enchiridion.
Enchymose.
Ischion.
Lachésis.
Machiavélique.

Michel-Ange.
Orchestre.
Orchis.

CQ.

Macquer.

K.

Maki.
Pékin.
Quaker.

3° Le son *c* dur médial s'écrit par c dans les mots commençant par ACR, Ex.: Acrobate. Excepté *accréditer, accroc,
accrocher, accroître, accroire* et *accroupir*.

4° Le son *c* dur médial s'écrit par c dans les mots où ce
son est suivi du son *s* affectant les mots en CTION (pr. *csion*),
Ex.: Malédiction.

_____

(1) Et autres mots commençant par *archi.*

Exceptions :

XION.	Complexion.	Flexion *et comp.*	Préfixion.
Annexion.	Connexion.	Fluxion *et compo-*	Réflexion.
		sés.	

5° Le son *c* dur médial s'écrit par cc dans les mots commençant par AC, OC et SUC suivis d'une voyelle, Ex.: Accabler, accessible, accident, occasion, occident, occupation; succéder, succin, succulent. (Devant *e* et *i* le second *c* se prononce comme un *s*.)

Exceptions :

AC.	Acariâtre.	Acoquiner.	**Q.**
Acabit.	Acarne.	**CH.**	Aquatique.
Acacia.	Acatalectique.		Aqueduc.
Académie.	Acatalepsie.	Achab.	Aqueux.
Acagnarder.	Acaule.	Achaïe.	Aquilin.
Acajou.	Acocat.	Achromatique.	Aquilon.
Acalifourchonné.	Acolyte.	**CQ.**	Haquenée.
Acampte (*physi-*	Aconit.		Haquet.
que).	Acopis.	Acquérir.	Hoquet.
Acange.	Acotaï.	Acquêt.	Hoqueton.
Acanor.	Accotoir (*terme de*	Acquiescer.	
Acanthe.	*papeterie*).	Acquit.	
Acare.	Acoustique.	Acquitter.	

6° Le son *c* dur médial s'écrit par x dans les mots où le son *c* dur est suivi du son *s* non jugés par le numéro 5, Ex.: Mexicain.

Exceptions :

CC.	**CS.**	Excentrique.	**XS.**
Flaccidité.	Tocsin.	Excepter.	Exsanguin.
Siccité.		Excès.	Exsiccation.
Succin.	**XC.**	Excessif.	Exsuccion.
Succinct.		Exciper.	Exsuder.
Vaccine.	Excéder.	Excise.	
	Exceller.	Exciter.	

SON C DUR FINAL.

Le son *c* dur final s'écrit par QUE, Ex.: Fabrique.

Exceptions :

C.

Agaric.
Alambic.
Alaric.
Amalec.
Ammoniac, *adj.*(1)
Aqueduc.
Arac *ou* arack.
Arc.
Armagnac.
Arsenic.
Aspic.
Avec.
Bac.
Baruc.
Basilic.
Bec.
Bissac.
Bivac *ou* bivouac
Bloc.
Busc.
Caduc.
Caudebec.
Choc.
Clac, *bruit du fouet*)
Copernic.
Cornac.
Crac.
Cric-crac.
Diagnostic.
Douc.

Duc.
Échec.
Estoc.
Fisc.
Froc.
Gaïac.
Grec.
Habacuc.
Hamac.
Havre-sac.
Hic (c'est le).
Hoc (*ab hoc et ab hac*).
Isaac.
Lac.
Luc (saint).
Manioc.
Marc (saint).
Maroc.
Mastic.
Médoc.
Musc.
Ombilic.
Onc *ou* oncques.
Parc.
Pec (hareng).
Pic.
Porc.
Pronostic.
Public.
Québec.
Rebec.

Repic.
Ric-à-ric.
Roc.
Sac.
Salamalec.
Sec.
Soc.
Stuc.
Suc.
Sumac.
Syndic.
Talc *ou* talque.
Tic.
Tic-tac.
Tillac.
Tombac.
Trafic.
Tric-trac.
Troc.
Turc (2).
Zinc.

CH.

Lamech.
Moloch.
Roch (saint).
Varech *ou* varec.

CQUE.

Grecque.
Macque.
Mecque.

Socque.

CQUES.

Jacques.
Lucques.

CT.

Distinct, pr. *distinkt*.
District, pr. *distrikt*.

G.

Bourg, pr. *bourque, devant une voyelle*.

K.

Danemarck.
Lok *ou* looch.

Q.

Cinq, *suivi d'une voyelle* (3).
Coq.

QUES.

Jusques.
Moluques.
Pâques *des chrétiens* (4).

Son **D.**

SON **D** INITIAL.

Le son *d* initial s'écrit par D, Ex.: *D*ragon. Sans exception.

SON **D** MÉDIAL.

Le son *d* médial s'écrit par D, Ex.: Man*d*arin.

---

(1) Le substantif *ammoniaque*, est régulier.
(2) *Turque*, au féminin, est régulier.
(3) Excepté dans le *cinq de pique*.
(4) *Pâque* des juifs est régulier.

Exceptions :

DD.	Addition.	Edda.	Reddition (1).
Adda.	Adducteur (1).		

SON D FINAL.

Le son *d* final s'écrit par DE, Ex.: Flui*de*.

Exceptions :

D.	Cid.	Lamed.	Underwald.
	David.	Léopold.	Valladolid, *et au-*
Alfred.	Éphod.	Nemrod.	*tres noms d'hom-*
Aod.	Grimoald.	Sud.	*mes et de lieux.*
Arnold.	Hared.	Talmud.	

Son F.

SON F INITIAL.

Le son *f* initial s'écrit par F, Ex.: *F*rance.

Exceptions :

PH.	Pharisien.	Philippe.	Phoque.
	Pharmacien.	Philologue.	Phosphore.
Phaéton.	Pharynx.	Philomèle.	Photomètre.
Phagédénique.	Phase.	Philosophe.	Phrase.
Phalange.	Phébé.	Philtre, *sortilége*.	Phrénologie.
Phalaris.	Phébus.	Phlébotomie.	Phrygien.
Phalène.	Phèdre.	Phlégéton.	Phthisie.
Phanérogame.	Phénix.	Phlogistique.	Physiologie.
Phaon.	Phénomène.	Phonique *et com-*	Physionomie.
Pharamond.	Philadelphie.	*posés.*	Physique.
Pharaon.	Philanthrope.	Phonomètre.	Phytologie.
Phare.	Philémon.		

SON F MÉDIAL.

1° Le son *f* médial s'écrit par F, Ex.: Mé*f*iance.

---

(1) Les deux *d* se font entendre.

4 *

Exceptions :

FF.	PH.		
Beffroi.	Alphabet.	Emphatique,	Paraphernaux.
Biffer.	Alphée.	Epiphanie.	Phosphore.
Bouffée.	Alphonse.	Épiphore.	Planisphère.
Bouffer.	Amphore.	Epiphyse.	Polyphème.
Bouffette.	Anthropophage.	Euphémisme.	Porphyre.
Bouffir.	Antiphonie.	Euphonie.	Prophète.
Bouffon.	Apophthegme.	Euphorbe.	Putiphar.
Buffet.	Apophyse.	Euphrasie.	Pyrophore.
Buffle.	Apostropher.	Graphomètre.	Raphaël.
Buffon.	Asphalte.	Gymnosophistes.	Saphir.
Chauffer.	Asphodèle.	Hémisphère.	Sapho.
Chiffon.	Asphyxie.	Hermaphrodite.	Sarcophage.
Chiffre.	Atmosphère.	Hiérophante.	Séraphin.
Coffre.	Atrophie.	Homophage.	Siphon.
Ébouriffé.	Bellérophon.	Homophonie.	Sophi.
Échauffourée.	Bibliophile.	Hydromphale.	Sophisme.
Étouffer.	Blasphème.	Hydrophobe.	Sophocle.
Fieffé.	Bosphore.	Ichthyophage.	Sphacèle.
Gouffre.	Bucéphale.	Iphigénie.	Sphère.
Griffon.	Cacophonie.	Métamorphose.	Sphincter.
Ineffable.	Camphre.	Métaphore.	Sphynx.
Joufflu.	Céphale.	Morphée.	Sycophante.
Piffre.	Céphalique.	Naphte.	Symphyse.
Pouffer.	Céphise.	Néophyte.	Symphonie.
Raffiner.	Colaphiser.	Néphrétique.	Téléphore.
Raffoler.	Colophane.	Néphrite.	Trophée.
Rebuffade.	Coryphée.	Nénuphar ou né-	Typhon.
Siffler.	Daphné.	nufar.	Typhus.
Soffite, architec-	Dauphin.	Œnophore.	Xénophon.
ture.	Delphine.	Œsophage.	Xérophagie.
Taffetas.	Diaphane.	Omphale.	Xylographie.
Touffu.	Diaphorétique.	Orphée.	Xyphoïde.
	Diaphragme.	Orphelin.	Zéphyr.
	Éléphant.	Pamphile.	Zéphyre.
		Pamphlet.	Zoophyte.
		Paphos.	

2° Le son *f* médial s'écrit par FF dans les mots commençant par AF, EF, OF, SOUF, SUF et DIF, Ex.: A*ff*ection, e*ff*roi, o*ff*rir, sou*ff*rir, su*ff*rage, di*ff*icile.

Exceptions :

F.	PH.		Éphialte.
	Éfourceau.	Diphthongue.	Ephod.
Afin.	Soufre.	Diphylle.	Éphores.
Afistoler.		Ephèbe.	Ophidiens.
Afourrager.	PH.	Éphèdre.	Ophioglosse.
Afrique.	Aphonie.	Éphélides.	Ophite.
Éfaufiler.	Aphorisme.	Éphémère.	Ophthalmie.
	Aphthe.	Éphèse.	

3° Le son *f* médial s'écrit par PH dans les mots commençant par AMPHI, Ex.: Am*ph*ithéâtre. Excepté : *Emphysème,
emphytéose, enfilade, enfiler.*

1° Le son *f* final s'écrit par PHE dans les mots terminés en
APHE (*afe*), Ex.: Épita*phe*.

Exceptions :

F.	Estafe. Girafe. Parafe ou para-phe.	FF.	Pataraffe. Piaffe.
Agrafe. Carafe.		Gaffe. Naffe.	

2° Le son *f* final s'écrit par F, Ex.: Fie*f*.

Exceptions :

FE.	Étoffe. Greffe (un). Greffe (une). Griffe. Hippogriffe. Tartuffe ou tartufe Touffe. Truffe.	PHE.	Josèphe(*historien*). Limitrophe. Logogriphe. Lymphe. Nymphe. Philadelphie. Philosophe. Sisyphe.
Brife. Calife. Guelfe. Pontife.		Adelphes (les). Adolphe. Antistrophe. Apocryphe. Apostrophe. Caïphe.	
FFE.		Catastrophe. Christophe. Delphes. Hiéroglyphe.	Strophe. Sylphe. Triglyphe. Triomphe.
Bouffe. Chiffe. Coiffe. Escogriffe.		PH. Aleph. Joseph.	

Son G dur.

1° Le son *g* dur initial s'écrit par G devant les voyelles *a,
o, u,* Ex.: *G*alerie, *g*osier, *g*ustation. Sans exception.

2° Le son *g* dur initial s'écrit GU devant les voyelles *e, i,*
Ex.: *Gu*êpe, *gu*itare. Sans exception.

1° Le son *g* dur médial s'écrit par G devant les voyelles *a, o, u,* excepté dans les formes relatives des verbes comme : *Nous mangeons.*

2° Le son *g* dur s'écrit par GU devant les voyelles *e* et *i*, Ex.: Mar*gu*erite, Mar*gu*iller.

Dans les quatre mots suivants le son *g* dur médial s'écrit par GG : A*gg*lomérer, a*gg*lutiner, a*gg*raver et su*gg*érer, où les deux *g* se font entendre.

SON G DUR FINAL.

Le son *g* dur final s'écrit par GUE, Ex.: Fi*gue.* Excepté *joug, zigzag* et quelques mots étrangers, Ex.: Youn*g.*

Son J.

SON J INITIAL.

1° Le son *j* initial s'écrit par J devant les voyelles *a, o, u,* Ex.: *J*alon, *j*oli, *j*ujube ; et dans les mots composés où le son *i* est initial, comme con*j*urer, de *jurer.*

Exceptions :

GE.	Geôle, pr. *jôle.*		JE.	Jeanne.
Geai.	Geôlier.		Jean.	Jeanne (dame-).
	George.			

2° Le son *j* initial s'écrit par G devant les voyelles *e* et *i*, Ex.: *G*énie, *g*ivre.

Exceptions :

J.	Jéricho.	Jésuite.	Jeu.
Jéhovah.	Jéroboam.	Jésus.	Jeudi.
Jéjunum.	Jérôme.	Jet.	Jeun (à).
Jérémie.	Jérusalem.	Jeter.	Jeûne.
	Jérémiade.	Jeton.	Jeune.

SON J MÉDIAL.

1° Le son *j* médial s'écrit GE devant les voyelles *a, o, u,* Ex.: Or*ge*at, bour*ge*ois, ga*ge*ure.

Exceptions :

J.	Bijou.	Goujon.	Marjolet.
	Bonjour.	Jéjunum.	Mijaurée.
Acajou.	Déjà.	Joujou.	Mijoter.
Adjacent.	Dijon.	Jujube.	Sapajou.
Adjudant.	Donjon.	Major.	Toujours.
Benjamin.	Enjôler.	Majuscule.	Verjus.
Benjoin.	Goujat.	Marjolaine.	

2° Le son *j* médial s'écrit par G devant les voyelles *e* et *i*, Ex.: Mégère, mégissier. Excepté *déjection, déjeuner, majesté* et *majeur.*

SON J FINAL.

Le son *j* final s'écrit par GE, Ex.: Fébrifu*ge.* Sans exception.

Son L.

SON L INITIAL.

Le son *l* initial s'écrit par L, Ex.: *L*ampe. Sans exception.

SON L MÉDIAL.

1° Le son *l* médial s'écrit par L, Ex.: Ma*l*ice.

Exceptions :

LL (1).	Allégro.	Allier.	Allure.
	Alléguer.	Allingue.	Allusion.
Allah.	Alleluia.	Allobroge.	Alluvion.
Allaise.	Allemand.	Allocation.	Amaryllis.
Allaiter.	Aller.	Allocution.	Apollon.
Allécher.	Alleu.	Allodial.	Appellation.
Allée.	Alliacé.	Allonger.	Ballade.
Alléger.	Alliage.	Allonyme.	Baller.
Allégir.	Alliaire.	Allouer.	Ballet.
Allégresse.	Alliance.	Alluchon.	Ballon.
Allégorie.	Alliément.	Allumer.	Ballot.

(1) Les deux *l* se font entendre dans quelques-uns des mots suivants, comme nous le verrons au deuxième livre, intitulé : *De la Prononciation.*

4.

Ballotter.	Collier.	Hallucination.	Pollen.
Belladone.	Colline.	Hellénisme.	Pollicitation.
Bellâtre.	Collision.	Helléniste.	Polluer.
Bellérophon.	Collocation.	Hellespont.	Pollux.
Belliqueux.	Colloque.	Hollande.	Pulluler.
Bellone.	Collusion.	Hôtellerie.	Pusillanime.
Bellot.	Collyre.	Hypallage.	Quereller.
Billevesée.	Constellation.	Installer.	Rallier.
Bulletin.	Corallin.	Intelligence.	Rébellion.
Calleux.	Cristallin.	Interpeller.	Rebeller (se).
Calligraphe.	Déballer.	Libelliste.	Recolliger.
Calliope.	Décollation.	Lilliputien.	Satellite.
Callosité.	Distiller.	Malléable.	Sceller.
Cellérier.	Duelliste.	Malléole.	Seller.
Cellier.	Ellébore.	Maxillaire.	Sellier.
Cellule.	Ellipse.	Métallique.	Sigillé.
Celluleux.	Emmieller.	Miscellanées.	Solliciter.
Chambellan.	Épellation.	Mollet.	Sollicitude.
Chinchilla.	Équipollent.	Molleton.	Sorcellerie.
Collaborateur.	Exceller.	Nullité.	Stellionat.
Collatéral.	Fallacieux.	Ollaire.	Sylla.
Collateur.	Flageller.	Osciller.	Syllabe.
Collation.	Follet.	Palladium.	Syllepse.
Collationner.	Follicule.	Pallas.	Syllogisme.
Collecte.	Gallican.	Pallier.	Synallagmatique.
Collection.	Gallicisme.	Pallium.	Tabellion.
Collége.	Gallien.	Parallaxe.	Titiller.
Collégial.	Gallique.	Parallèle.	Vaciller.
Collègue.	Hallage.	Pelletée, pellée *ou*	Vallée.
Coller.	Hallebarde.	pellerée.	Velléité.
Collerette.	Hallebreda.	Pelletier.	Village.
Collet.	Hallier.	Pellicule.	Villeux.

2° Le son *l* médial s'écrit par LL dans les mots commençant par IL (*ile*). Les deux *ll* se font entendre dans le plus grand nombre de ces mots, Ex. : Il*l*égitime (*il-lé-gitime*).

Exceptions :

I.	Iléologie.	Iliade.	Ilio (*sacro-scialti-*
	Iléosie.	Iliaque.	*que*).
Il.	Iles (os des).	Ilion.	Ilot.
Ile.			Ilote.

SON **L** FINAL.

1° Le son *l* final s'écrit par L dans les mots masculins terminés en AL (*ale*), substantifs et adjectifs, Ex.: Fata*l*.

Exceptions :

ALE.	Cannibale.	Hydrocéphale.	Râle.
Acéphale.	Crotale.	Intervalle.	Sale.
Astragale.	Dédale.	Mâle.	Sardanapale.
Bâle.	Galle, *prêtre de Cy-*	Ménale.	Scandale.
Bengale.	*bèle.*	Ovale.	Tantale.
Bucéphale.	Hâle.	Pâle.	Tithymale.
	Héliogabale.	Pétale.	Vandale.

2° Le son *l* final s'écrit par ALE dans les mots féminins en AL (*ale*), Ex.: Cathédra*le*. Excepté *b*alle (*une*), dalle, faim-valle, galle (*noix de*), halle, malle, salle, stalle.

3° Le son *l* final s'écrit par EL dans les mots masculins terminés en EL (*èle*), Ex.: Form*el*.

Exceptions :

ELL.	Érysipèle.	Poêle, *fourneau ou*	Columelle.
Cromwell.	Fidèle.	*drap.*	Fontenelle.
Kell.	Frêle.	Praxitèle.	Jodelle.
Tell, *et autres noms*	Isocèle.	Zèle.	Libelle.
étrangers.	Marc-Aurèle.		Rebelle.
ÈLE.	Modèle.	ELLE.	Spinelle.
Asphodèle.	Parallèle.	Apelle.	Vermicelle.
		Aulu-Gelle.	Violoncelle.

4° Le son *l* final s'écrit par ELLE dans les mots féminins terminés en EL (*èle*), Ex.: Fice*lle*.

Exceptions :

EL.	ÈLE.	Clientèle.	*tres mots de mé-*
Babel.	Aile.	Cybèle.	*decine.*
Rachel.	Adèle.	Grêle.	Loquèle.
		Hydrocèle, *et au-*	Parentèle.
			Philomèle.

5° Le son *l* final s'écrit par LE dans les mots non jugés par les numéros précédents, Ex.: Ferti*le*.

Exceptions :

L.	Aïeul.	Bémol.	Bissextil.
Accul.	Alcool.	Béryl.	Bol.
	Alguazil.	Bill.	Brésil.

Bristol.	Mol.	Vil.	Galle (*noix de*).
Calcul.	Morfil.	Viol.	Gille.
Capiscol.	Nil.	Viril.	Grolle.
Capitoul.	Nul.	Vitriol.	Halle.
Cil.	Outil.	Vol.	Idylle.
Civil.	Parasol.	Volatil.	Joinville.
Col.	Pistil.		Lille.
Consul.	Poil.	**LLE.**	Lithocolle.
Dol.	Profil.	Abbeville.	Malle.
Entre-sol.	Puéril.	Achille.	Mille, *nombre.*
Épagneul.	Quintil.	Balle.	Mille, *mesure.*
Espagnol.	Recul.	Bathylle.	Molle.
Exil.	Rossignol.	Belleville.	Moucherolle.
Fil.	Saül.	Bouterolle.	Muserolle.
Filleul.	Seul.	Bulle.	Pupille.
Fol.	Sextil.	Calville.	Scille.
Frioul.	Sol, *terrain et note*	Camille.	Sibylle.
Glaïeul.	*de musique.*	Catulle.	Smille.
Grémil.	Stil-de-grain.	Chrysocolle.	Squille.
Grésil.	Soûl.	Codicille.	Tibulle.
Irmensul.	Subtil.	Colle.	Tranquille.
Licol ou licou.	Tilleul.	Dalle.	Trolle.
Linceul.	Toul.	Diphylle.	Tulle.
Mil.	Tournesol.	Fibrille.	Vaudeville.
Mogol.	Tyrol.	Folle.	Ville.

Son *L* mouillé.

Le son *l* mouillé n'est jamais initial.

SON L MOUILLÉ MÉDIAL.

1° Le son *l* mouillé médial s'écrit par LL dans les mots où ce son est précédé d'un *i* qui n'appartient pas à *l* mouillé, Ex.: Bri*ll*ant, prononcez *bri-iant*. Sans exception.

2° Le son *l* mouillé médial s'écrit par ILL dans les mots non jugés par la règle précédente, Ex.: Broui*ll*on, prononcez *brou-ion*. Sans exception.

SON L MOUILLÉ FINAL.

1° Le son *l* mouillé final s'écrit par L dans les mots masculins terminés en AIL, EIL, EUIL, IL et OUIL (*a-ieu, e-ieu, eu-ieu, i-eu, ou-ieu*), Ex.: *Ail*, sole*il*, orgue*il*, pér*il* et fenou*il*. Excepté *C*orne*ill*e, dr*ill*e, *G*ribou*ill*e, *M*ascar*ill*e, *q*uadrille et *s*padille.

2° Le son *l* mouillé final s'écrit par LLE dans les mots féminins terminés en AILLE, EILLE, EUILLE, ILLE et OUILLE (*a-ieue, e-ieue, eu-ieue, i-eue, ou-ieue*). Ex.: Fut*aille*, tr*eille*, f*euille*, f*amille*, et f*ouille*. Excepté *aïe* (cri de douleur), *Andaye* ou *Andaïe*, *Biscaye*, *Blaye*, *Lucayes* (les).

Son *M*.

SON M INITIAL.

Le son *m* initial s'écrit par M, Ex.: *Maréchal*. Sans exception.

SON M MÉDIAL.

1° Le son *m* médial s'écrit par M, Ex.: Maman.

Exceptions :

MM.			
	Ammoniac (*gaz*).	Grommeler.	Sommeiller.
	Assommer.	Hommage.	Sommelier.
Amman.	Consommateur.	Mammaire.	Sommer.
Ammistre.	Dommage.	Nommer, *et composés*.	Sommet.
Ammi.	Emma.		Sommier.
Ammon.	Emmanuel.	Nummulaire.	Sommité.
Ammoniaque,*sub.*	Grammaire.	Sommaire.	

2° Le son *m* médial s'écrit par MM dans les mots commençant par COM suivi d'une voyelle, Ex.: Commère. Excepté *comédie, comestibles, comète, comices, Comines* (l'historien).

3° Le son *m* médial s'écrit par MM dans les mots commençant par IM suivi d'une voyelle, Ex.: *Immortel*. Excepté *image, imaginer, iman, imiter*.

4° Le son *m* médial s'écrit par MM dans les mots où le son *em (an)* est initial en composition, Ex.: *Emmener*, de *mener*. Sans exception.

5° Le son *m* médial s'écrit par MM dans les adverbes dérivés d'adjectifs en ANT et en ENT, Ex.: Méchamment, de *méchant;* prudemment, de *prudent*. Sans exception.

1° Le son *m* final s'écrit par ME, Ex.: Fleg*me*, tra*me*.

Exceptions :

M.			MME.
	Forum.	Palladium.	
	Galbanum.	Pallium.	Comme.
Abraham.	Garum.	Pensum.	Dilemme.
Actium.	Harem.	Post-scriptum.	Flamme.
Ad-usum.	Hem !	Priam.	Femme.
Album.	Hom !	Quadrifolium.	Gamme.
Amsterdam.	Idem.	Quinquennium.	Gemme.
Bethléem.	Item.	Rectum.	Gomme.
Caput-mortuum.	Jéjunum.	Rum ou rhum.	Homme (1).
Castoréum.	Jérusalem.	Sagum.	Oriflamme.
Coagulum.	Latium.	Sensorium.	Pomme.
Cœcum.	Laudanum.	Siam.	Rogomme.
Compendium.	Marum.	Solanum.	Somme (*un*).
Critérium.	Maximum.	Solarium.	Somme (*la*).
Décorum.	Méconium.	Te Deum.	
Diascordium.	Médium.	Tu autem.	THME.
Duodénum.	Minimum.	Ultimatum.	
Factotum.	Minium.	Vade-mecum.	Asthme, pr. *as-me*.
Factum.	Muséum.	Variorum.	Isthme, pr. *is-me*.
Fatum.	Opium.		

2° Le son *m* final s'écrit par MME dans les mots terminés en GRAMME, Ex.: Monogra*mme*. Sans exception.

Son *N*.

Le son *n* initial s'écrit par N, Ex.: *N*ature. Sans exception.

1° Le son *n* médial s'écrit par N, Ex.: Mé*n*age.

---

(1) *Homicide* est régulier.

Exceptions :

NN.

Abonner.
Annales.
Annate.
Anneau.
Année.
Annexer.
Annihiler.
Annonay.
Annoncer.
Annoter.
Annuel.
Anonner.
Annulaire.
Annuler.
Assaisonner.
Baïonnette.
Banneret.
Bannière.
Bannir.
Biennal.
Bonnet.
Braconner.
Britannique.
Califourchonné.
Cannelas.
Cannelle.

Cannelure.
Caennais.
Cannibale.
Cinna.
Cinnamome.
Connaître.
Connétable.
Connexe.
Connivence.
Conniver.
Connotatif.
Cordonnier.
Décennal.
Détonner.
Doyenné.
Empenné.
Ennéagone.
Ennéandrie.
Ennemi.
Ennoblir, pron.
    an-no-blir (1).
Ennui.
Environner.
Étonner.
Faonner, pr. *faner*
Hanneton.
Hennir.
Honnête.

Honneur.
Honnir.
Inné.
Innocence.
Innombrable.
Innover.
Laonnais.
Linnée.
Mâchonner.
Mannequin.
Mitonner.
Monnaie.
Moyennant.
Moyenner.
Nenni.
Nonnain.
Ordonner.
Palonnier.
Panneau.
Panneton.
Pannicule.
Pannon.
Penniforme.
Pennon.
Penny.
Pinnule.
Pionnier.

Quatriennal.
Quinquennium.
Rançonner.
Rouennais.
Sansonnet.
Septennal.
Solennel.
Sonnet.
Sonnez.
Suranné.
Tanner.
Tâtonner.
Tonner *et composés*
Tonnerre.
Triennal.
Tyrannie.
Vanner.
Vannier.
Vicennal.

MN.

Condamner.
Damner.
Mariamne.

GN.

Signet, pr. *si-nè*.

2° Le son *n* médial s'écrit par NN dans les mots qui viennent des mots en ON, Ex.: Melo*nn*ière, de *melon*. Excepté *bonifier, canoniser, donation, national, patronage, sonate, sonore*, bien qu'on ait *bon, canon, don, nation, patron* et *son*.

SON N FINAL.

1° Le son *n* final s'écrit par NE, Ex.: Frangipa*ne*.

Exceptions :

N (2).

Abdomen.

Amen.
Cérumen.
Cyclamen.

Dictamen.
Éden.
Gluten.

Gramen.
Hymen (3).
Lichen.

---

(1) *Ennoblir*, rendre illustre. *Anoblir* est régulier.
(2) Le *n* final se fait aussi entendre.
(3) On dit aussi *hymen*, sans faire sonner le *n*.

Pollen.

NNE.

Anne.
Antenne.
Banne.
Canne.
Couenne.

Étrenne.
Garenne.
Jeanne.
Kahouanne.
Lausanne.
Manne (*panier*).
Manne (*nourri-*
  ture).

Mayenne.
Moyenne.
Panne.
Paysanne.
Penne.
Renne (*un*).
Rouanne.
Turenne.

Vanne.

NNES.

Ardennes.
Cévennes.
Rennes.
Valenciennes.
Vincennes.

2° Le son *n* final s'écrit par NNE dans les mots terminés en ONNE (*one* ou *ône*), Ex.: Fripo*nne*.

Exceptions :

N.

Alcyone.
Amazone.
Ancône.
Anémone.
Aumône.
Aune.
Automne, pron.
  ôtone.
Babylone.

Beaune.
Belladone.
Bellone.
Cône.
Dodone.
Faune.
Gorgone.
Hexagone.
Jaune.
Lacédémone.

Latone.
Madone.
Matrone.
Monotone.
Nones (*les*).
Non plus ultra.
Octogone (1).
Œnone.
Pentagone.
Polygone.

Pomone.
Prône.
Rhône.
Saône.
Synchrone.
Tisiphone.
Trombone.
Trône.
Vérone.
Zone.

3° Le son *n* final s'écrit par NNE dans les mots terminés en IENNE (*iène*), Ex.: Paris*ienne*. Excepté *hy*ène et *hygi*ène.

Son P.

SON P INITIAL.

Le son *p* initial s'écrit par P, Ex.: *P*aïen. Sans exception.

SON P MÉDIAL.

1° Le son *p* médial s'écrit par P, Ex.: Hô*p*ital.

Exceptions :

PP.

Agrippa.

Agripper.
Agrippine.
Appauvrir.

Appeau.
Appendice.
Chopper.

Développer.
Échapper.
Écloppé.

---

(1) Et autres mots en *gone*.

Égrapper.	Hippocentaure.	Hippopotame.	Opposer.
Envelopper.	Hippocrate.	Houppelande.	Oppresser.
Frapper.	Hippocrène.	Houpper.	Opprimer.
Grappin.	Hippodrome.	Japper.	Opprobre.
Gripper.	Hippogriffe.	Lippée.	Philippique.
Happelourde.	Hippolithe, *pierre*.	Mappemonde.	Suppéditer.
Happer.	Hippolyte.	Ménippée.	Supprimer.
Hippique.	Hippomane.	Nipper.	Suppurer.
Hippocampe (1).	Hippomène.	Opportun.	Supputer.

2• Le son *p* médial s'écrit par P dans les mots commençant par APL, APO et SUPER (*apl, apo, super*), Ex.: Aplanir, apologie, superbe.

Exceptions :

PP.			
	Appeau.	Appoint.	Apport.
	Applaudir.	Appointer.	Apporter.
Appauvrir.	Appliquer.	Appondure.	Apposer.

3º Le son *p* médial s'écrit par PP dans les mots commençant par APPA, APPE, APPR, SUPPL et SUPPO (*apa, ape, apr, supl* et *supo*), Ex.: Apparition, appel, apprêt, suppléant, support.

Exceptions :

P.			
	Aparté.	Apercher.	Apertise.
	Apathie.	Aperçoir.	Apétale.
Apagogie.	Apepsie.	Aperçu.	Apetisser.
Apaiser.	Aperception.	Apéritif.	Apre.
Apanage.	Apercevoir.	Apéritoire.	Après.

SON P FINAL.

Le son *p* final s'écrit par PE, Ex.: Varlope.

Exceptions :

P (2).			
	Cap.	Hep !	Salep.
	Cep (3).	Jalap.	Sloop, pr. *sloup*.
Alep.	Hanap.	Julep.	

---

(1) Et un grand nombre de mots commençant par *hippo*. Voir le son f initial, page 12.

(2) Le *p* se fait entendre.

(3) On prononce aussi ce mot sans faire entendre le *p*.

PPE.

	Cippe.	Grappe.	Nappe,
	Dieppe.	Grippe.	Nippe.
Alcippe.	Echoppe.	Houppe.	Philippe.
Aristippe.	Enveloppe.	Huppe.	Xantippe.
Chappe.	Frappe.	Lippe,	

Son Q.

Voir pour ce son le son *C dur*.

Son R.

SON R INITIAL.

Le son *r* initial s'écrit par R, Ex.: *R*abat.

Exceptions :

RH.

	Rhéteur.	Rhizophage.	Rhône.
	Rhétie.	Rhodes.	Rhopalique.
Rhabiller.	Rhexis.	Rhodium.	Rhubarbe.
Rhacose.	Rhin.	Rhododendron.	Rhum *ou* rum.
Rhadamiste.	Rhingrave.	Rhodomel.	Rhumatisme.
Rhagadès.	Rhinocéros.	Rhodoracées.	Rhume.
Rhamsès,	Rhinose.	Rhogmé.	Rhyas.
Rhée.	Rhizagre.	Rhombe.	Rhythme.

SON R MÉDIAL.

1° Le son *r* médial s'écrit par R, Ex.: Mercredi.

Exceptions :

RR.

	Arrestation.	Arriver.	Barricade.
	Arrêt.	Arroche.	Barrière.
Aberration.	Arrête-bœuf (1).	Arrogance.	Barrique.
Abhorrer.	Arrêter.	Arroger (s').	Bigarrer.
Amarrer.	Arrhes.	Arroi.	Bourrache.
Arracher.	Arrière, *et compo-*	Arrondir.	Bourrasque.
Arraisonner.	*sés.*	Arrondissement.	Bourrer.
Arranger.	Arriérer.	Arroser.	Bourriche.
Arrenter.	Arrimager.	Averroès.	Bourrique.
Arrérager.	Arrimer.	Barrette.	Bourru.

---

(1) *Arête* de poisson, d'un angle, etc., est régulier.

Carré.	Courrier (1).	Lorrain.	Terrasser.
Carreler.	Courroie.	Marraine.	Terreau.
Carrer.	Courroucer.	Marri (2).	Terrestre.
Carrière.	Courroux.	Marron.	Terrier.
Chamarrer.	Derrière.	Marrube.	Terrifier.
Charretée.	Désarroi.	Merrain.	Territoire.
Charrette.	Équarrir.	Narrer.	Terreur.
Charrier.	Errata.	Nourrir, et dérivés.	Terrine.
Charron.	Errer.	Occurrence.	Terroir.
Charrue.	Erreur.	Parrain.	Torréfier.
Concurrent.	Erroné.	Parricide.	Torrent.
Corradoux.	Ferrare.	Perron.	Torride.
Correct.	Ferrer.	Perroquet.	Verrat.
Correctif.	Fourrage.	Perruche.	Verrès.
Correctionnel.	Fourreau.	Perruque.	Verrou.
Corrège.	Fourrer.	Pierrier (machine à lancer des pierres).	Verrue.
Corrégidor.	Fourreur.		**RRH.**
Corrélatif.	Fourrier.	Porreau.	
Correspondance.	Garrot.	Pot-pourri.	Burrhus.
Corridor.	Garrotter.	Quarré ou carré.	Catarrheux.
Corriger.	Hémorrhagie.	Sarrau.	Diarrhée.
Corroborer.	Hémorrhoïdes.	Sarrasin.	Errhin.
Corroder.	Horreur.	Sarriette.	Hurrhaut.
Corroi.	Interrègne.	Scarron.	Myrrha.
Corrompre.	Interroger.	Serrer, et composés	Myrrhis.
Corrosif.	Interrompre.	Serrure.	Pyrrha.
Corroyer.	Jarret.	Squirrheux.	Pyrrhique.
Corrugateur.	Jarretière.	Terrain.	Pyrrhonien.
Corrupteur.	Larron.	Terrasse.	Pyrrhus.
Corruption.			

2º Le son *r* médial s'écrit par RR dans les mots commençant par IR, Ex.: Irrégulier. Dans tous ces mots les deux RR se font entendre; prononcez *ir-ré-gulier*.

Exceptions :

R.	Iridées.	Iris.	Irlandais.
Ire.	Iridium.	Irisé.	Ironie.

SON R FINAL.

1º Le son *r* final s'écrit par R dans les infinitifs en IR, Ex.: Fin*ir*.

---

(1) *Courir* et ses composés sont réguliers.
(2) *Mari*, homme uni par mariage, est régulier.

Exceptions :

RE.	Décrire.	Inscrire.	Sourire.
Circoncire.	Dire, *et composés.*	Lire, *et composés.*	Souscrire.
Circonscrire.	Écrire, *et compo-*	Occire.	Suffire.
Confire, *et compo-*	*sés.*	Prescrire.	Suscrire.
sés.	Élire.	Proscrire.	Transcrire.
	Frire.	Rire, *et composés.*	

2° Le son *r* final s'écrit par R dans les infinitifs en OIR, Ex.: Pouvo*ir*. Excepté *boi*re, *croi*re, et les composés de *boire* et de *croire*.

3° Le son *r* final s'écrit par R dans les substantifs terminés en OIR et lorsque le son *oir* est convertible d'OIR en ANT pour former un participe présent, Ex.: Fermo*ir*, *fermant*.

Exceptions :

RE.	Bouilloire.	Exécutoire.	Moire.
Attrapoire.	Branloire.	Glissoire.	Nageoire.
Avaloire.	Compulsoire.	Lardoire.	Notoire.
Baignoire.	Consistoire.	Mâchoire.	Passoire.
Balançoire.	Décrottoire.	Mangeoire.	Polissoire.
Bassinoire.	Dilatoire.	Méritoire.	Ratissoire.
	Écumoire.		

4° Le son *r* final s'écrit par R dans les mots en EUR (*eure*), Ex.: Fond*eur*.

Exceptions :

RE.	Majeure.	Feurre.	Mœurs (1).
Demeure.		Leurre.	Pleurs.
Eure.	**RRE.**		Plusieurs.
Heure.	Babeurre.	**RS.**	
	Beurre.	Ailleurs.	

5° Le son *r* final s'écrit par R dans les mots en OUR (*oure*), Ex.: F*our*.

---

(1) On fait aussi entendre le *s*.

Exceptions :

RE.	RD.		Parcours.
Bravoure.	Balourd.	Faubourg.	Rebours.
Goure.	Gourd.	Fribourg.	Recours.
Pandoure.	Lourd.	Pétersbourg.	Secours.
	Sourd.	Strasbourg.	Toujours.
RRE.			Tours.
Bourre.	RG.	RS.	Velours.
Courre.	Brandebourg.	Concours.	
Mourre.	Édimbourg.	Cours.	BT.
Tire-bourre.		Décours.	Court.
		Discours.	
		Nemours.	

6° Le son *r* final s'écrit par RD et RT lorsque les mots terminés en ARD, ART, ORD et ORT ont un *d* ou un *t* dans les dérivés, Ex.: Fa*rd, farder;* a*rt, artiste;* bo*rd, border;* confo*rt, confortable.* Excepté *Escoba*r, bien qu'on dise *escobarder.*

7° Le son *r* final s'écrit par RE dans tous les infinitifs en UIRE, Ex.: Brui*re.* Excepté *fui*r.

8° Le son *r* final s'écrit par RÉ dans tous les mots non jugés par les sept numéros précédents.

Exceptions :

RC.		Hagard.	Vieillard.
	Brancard.	Homard.	RRE.
Marc (*un*).	Brocard, *plaisan-*	Lard.	
Clerc.	*terie.*	Nard.	Angleterre.
Mauclerc.	Brouillard.	Papelard.	Auxerre.
Porc (1).	Colin-Maillard.	Patard.	Bagarre.
	Corbillard.	Pelard.	Barre.
RD.	Cornard.	Pétard.	Bécarre.
	Cuissard.	Pomard.	Bizarre.
Milord *ou* mylord.	Ebuard.	Puisard.	Équerre.
Bayard.	Édouard.	Remords.	Escarre.
Bézoard.	Egard.	Ringard.	Fumeterre.
Bard.	Etendard.	Sabord.	Guerre.
Bécard, *femelle du*	Feuillard.	Soudard *ou* sou-	Jarre.
saumon.	Foulard.	dart.	Lierre.
Boulevard *ou* bou-	Frocard.	Soûlard.	Navarre.
levart.	Gadouard.	Stribord.	Pierre.
Boïard *ou* boyard.	Gard.		

---

(1) Le *c* se fait entendre devant une voyelle ou à la fin d'une phrase.

Pierre (saint).
Saburre.
Serre.
Simarre.
Terre.
Tintamarre.
Tonnerre.
Verre.

RRHE.

Arrhes.
Catarrhe.
Cirrhe.
Gomorrhe.
Myrrhe.
Squirrhe.

RF.

Cerf.
Nerf de bœuf.
Nerfs (1).

RN.

Béarn (le).
Tarn.

RS.

Alors.
Cahors.
Convers (*frère*).
Corps.
Dehors.
Détors.
Devers.
Dévers.
Divers.
Échars.
Envers.
Épars.
Fors.
Gars.
Gers.
Hors.
Jars.
Justaucorps.
Lors.
Mors.
Nevers.
Pervers.
Recors.

Retors.
Revers.
Tiers, *subs. et adj.*
Tors.
Travers.
Vers.

RT.

Braquemart.
Brocart, *étoffe brochée.*
Concert.
Coquart.
Couvert.
Dessert.
Disert.
Effort.
Hart.
Haubert.
Jaquemart.
Javart.
Jumart.
Pivert.
Plupart (la).
Raifort.
Rempart.
Renfort.
Ressort.
Tort.

R.

Aboukir.
Acanor.
Alger.
Air.
Amer.
Amilcar.
Antipater.
Arthur.
Aspersoir.
Auster, *vent.*
Avoir.
Azur.
Balthazar.
Bazar.
Belvéder.
Bonsoir.
Butor.
Calender.
Cancer.

Car.
Casimir.
Castor.
Cauchemar.
Caviar.
Centumvir.
César.
Chair.
Char.
Cher.
Clair.
Colcotar.
Colmar.
Confiteor.
Coquemar.
Cor.
Corrégidor.
Corridor.
Cuiller *ou* cuillère
Cuir.
Cutter.
Czar.
Décemvir.
Déplaisir.
Désespoir.
Désir.
Dollar.
Dortoir.
Dur.
Éclair.
Elixir.
Émir.
Enfer.
Entoir.
Espoir.
Essor.
Éther.
Faquir *ou* fakir.
Fémur.
Fer.
Fier.
Flair.
For.
Frater.
Fructidor.
Futur.
Gaster.
Gessner.
Gibraltar.
Guadalquivir.

Haloir.
Hangar.
Hector.
Hépar.
Hier.
Hiver.
Hoir.
Hospodar.
Houssoir.
Hydropiper.
Hypothénar.
Jupiter.
Kirsch-wasser.
Loir.
Loisir.
Lucifer.
Magister.
Major.
Manoir.
Martyr.
Matador.
Mentor.
Mer.
Messidor.
Mur.
Mûr.
Nabuchodonosor.
Nadir.
Namur.
Nectar.
Nénuphar.
Nestor.
Niger (le).
Noir.
Numitor.
Obscur.
Or, *métal.*
Or, *conjonction.*
Or çà.
Ostensoir.
Outremer.
Pair.
Par.
Pater.
Plaisir.
Pur.
Putiphar.
Quatuor.
Ramentevoir.
Saphir.

_____

(1) Au singulier on fait entendre le *f.*

Saur (hareng).	Sphincter.	Thermidor.	Vair.
Sautoir.	Stentor.	Tir.	Var.
Savoir (le).	Sur.	Trésor.	Vélar.
Scaliger.	Sûr.	Tricolor.	Ver.
Similor.	Ténor.	Triumvir.	Verther.
Soir.	Terroir.	Trochanter.	Visir ou vizir.
Soupir.	Thaler.	Tyr.	Zéphyr.
Spencer.	Thénar (anatomie)		

Son S.

SON S INITIAL.

Le son *s* initial s'écrit par s, Ex.: *Sabre*, et par sc lorsqu'on entend le son *sque* au commencement des mots, Ex.: *Scalpel*, scolastique, scribe, scorbut, scrupule.

Exceptions :

C.

Ça.	Celui.	Cercueil.	Cible.
Céans.	Cément.	Cercyon.	Ciboire.
Ce.	Cénacle.	Céréale.	Cicatrice.
Cébès, *philosophe.*	Cendre.	Cérébral.	Cicéro.
Ceci.	Cène.	Cérémonie.	Cicérole.
Cécile.	Cenelle.	Cérès.	Cicéroné.
Cécité.	Cénobite.	Cerf.	Cicéronien.
Cécrops.	Cénotaphe.	Cerfeuil.	Cid.
Céder.	Cens.	Cerisaie.	Cidre.
Cédille.	Censé.	Cerise.	Ciel.
Cédrat.	Censeur.	Cerneau.	Cierge.
Cèdre.	Cent.	Cerner.	Cigale.
Cédule.	Centaure.	Céromancie.	Cigare.
Ceint.	Centaurée.	Certain.	Cigogne.
Ceinture.	Centenaire.	Certes.	Ciguë.
Cela.	Centime.	Certifier.	Cil.
Céladon.	Centon.	Cérumen.	Cilice.
Célèbre.	Centre.	Céruse.	Cime.
Celer.	Centumvir.	Cervelas.	Ciment.
Céleri.	Centurie.	Cervelle.	Cimeterre.
Célérité.	Cep.	Cervoise.	Cimetière.
Céleste.	Cependant.	César.	Cimier.
Céliaque.	Céphalalgie.	Cesser.	Cinabre.
Célibat.	Céphale.	Cession.	Cincinnatus.
Celle.	Céphalique.	Ceste.	Cinéraire.
Cellérier.	Céphise.	Césure.	Cingler.
Cellier.	Céramique.	Cet.	Cinna.
Cellule.	Cérat.	Cétacé.	Cinnamome.
Celtique.	Cerbère.	Cætera (et).	Cinq.
	Cerceau.	Céthégus.	Cinquante.
	Cercle.	Cette.	Cintre.

Cioutat.	Cité.	Cynosure.	Scille.
Cippe.	Citer.	Cyprès.	Scillitique.
Cirage.	Citérieur.	Cypris.	Scinder.
Circé.	Citerne.	Cyrus.	Scintiller.
Circoncire.	Citoyen.	Cythère.	Scion.
Circonférence.	Citron.	Cystique.	Scipion.
Circonscrire.	Citrouille.	Cytise.	Scissile.
Circonspect (1).	Civette.		Scission.
Circuit.	Civière.	**sc.**	Scylla.
Circuler.	Civil.	Sceau.	Scyros.
Cire, *dérivés et composés.*	Cyanure.	Scélérat.	Scythie.
	C yathe	Sceller.	
Ciroène.	Cybèle.	Scène.	**sq.**
Ciron.	Cycle.	Sceptique.	Squale.
Cirrhe.	Cyclamen.	Sceptre.	Squameux.
Cirque.	Cyclope.	Scévola.	Square.
Cisailles.	Cygne.	Sciatérique.	Squarreux.
Cisalpin.	Cylindre.	Sciatique.	Squelette.
Ciseau.	Cymaise.	Scie.	Squinancie ou esquinancie.
Ciseaux.	Cymbale.	Sciemment.	
Ciseler.	Cynisme.	Science.	Squirrhe.
Citadelle.	Cynoglosse.		

SON **s** MÉDIAL.

1° Le son *s* médial s'écrit par s entre une voyelle et une consonne et entre deux consonnes, Ex.: Ma*s*culin, mal*s*ain, con*s*tater.

Exceptions :

ç.	Amorcer.	Chinchilla.	Dulcifier.
Arçon.	Ancien.	Chiromancie.	Écorcer.
Etançon.	Anciles.	Circoncision.	Éfourceau.
Garçon.	Annoncer (2).	Coercitif.	Émanciper.
Or çà.	Annonciade.	Coïncider.	Émincer.
Pinçon.	Apercevoir.	Commencer.	Ensemencer.
Poinçon.	Arceau.	Commercer.	Encens.
Rançon.	Barcelone.	Concert.	Encéphale.
Soupçon.	Bercer.	Concerter (se).	Enfoncer.
Tronçon.	Cadencer.	Concetti.	Engoncer.
	Calcédoine.	Concevoir.	Ensorceler.
c.	Calciner.	Concierge.	Épinceter.
Abcès.	Cancer.	Concile.	Escarcelle.
Agencer.	Cerceau.	Concilier.	Esquinancie.
Alcibiade.	Chancelier.	Concis.	Étincelle.
	Chanceux.	Devancer.	Évincer.

(1) Et autres mots commençant par *circon*.
(2) Et analogues, *dénoncer*, *énoncer*, etc.

Excéder.
Exceller.
Excepter.
Excès.
Excessif.
Exciper.
Excise.
Exciter.
Exercer.
Exorciser.
Farceur.
Farcin.
Fiancer.
Financer.
Foncier.
Forcer.
Froncer.
Garcette.
Gencive.
Gercer.
Grincer.
Harceler.
Incarcérer.
Incendie.
Incération.
Incessant.
Inceste.
Incidence.
Incinération.
Incirconcision.
Inciser.
Inciter.
Intercepter.
Intercesseur.
Invincible.
Lancer.
Lancette.
Linceul.

Lionceau.
Manigancer.
Mercenaire.
Merci.
Mercier.
Monceau.
Morceau.
Morceler.
Narcisse.
Noircir.
Nuancer.
Obédienciel.
Parcelle.
Pénitencier.
Percepteur.
Perceptible.
Percer.
Percevoir.
Pinceau.
Pincée.
Pincer.
Porcelaine.
Porcie.
Pourceau.
Principal.
Principe.
Prononcer.
Récalcitrant.
Réconcilier.
Rincer.
Rinceau.
Sarcelle.
Sentencieux.
Silencieux.
Sinciput.
Sorcier.
Sourcil.
Tancer.

Tenancier.
Tercer.
Tercet.
Turcie.
Ulcère.
Unciforme.
Violoncelle.

SC.

Abscisse.
Acescence (1).
Acquiescer (1).
Adolescent (1).
Amphisciens.
Ascendant.
Ascension.
Ascétique (1).
Asciens.
Concupiscence (1)
Convalescence (1)
Crescendo (1).
Délitescence (1).
Descendre.
Discerner.
Disciple.
Effervescence (1).
Efflorescence (1).
Escient.
Extumescence (1).
Faisceau.
Fasciner.
Fascine.
Fermentescible (1)
Hétérosciens.
Immarescible (1).
Immiscer (1).
Incandescent (1).

Irascible (1).
Lascif (1).
Miscible (1).
Miscellanées.
Obscène.
Omniscience.
Osciller.
Plébiscite.
Prescience.
Proboscide.
Rarescence (1).
Ressusciter (1).
Susceptible (1).
Susciter (1).
Transcendant (1).
Turgescence (1).
Viscères (1).

T.

Captieux.
Confidentiel.
Contentieux.
Différentiel.
Essentiel.
Factieux.
Gentiane.
Inertie.
Martial.
Nuptial.
Partial.
Partiel.
Pénitentiaux.
Pénitentiel.
Pestilentiel.
Potentiel.
Providentiel.
Substantiel.

2° Le son *s* médial s'écrit par **ss** entre deux voyelles, **Ex.**:
Moisson.

Exceptions :

Ç.

Açores.
Caleçon.
Caparaçon.
Colimaçon.

Deçà.
Estramaçon.
Hameçon.
Leçon.
Maçon.

C.

Abécédaire.
Acacia.
Acens.
Acenser.

Acétate.
Acide.
Acier.
Acrocérauniens.
Adjacent.
Agacer.

---

(1) Le *s* devant le *c* se fait entendre.

Alliacée.
Anglicisme.
Anticiper.
Anticyre.
Apocyn.
Apprécier.
Artificiel.
Associer.
Atocie.
Atticisme.
Audacieux.
Avaricieux.
Biceps.
Bracelet.
Bucentaure.
Bucéphale.
Cacique.
Caducée.
Capricieux.
Capucin.
Catholicisme.
Ceci.
Cétacé.
Cicéro.
Cicérole.
Cicéroné.
Cicéronien.
Chiromancie (1).
Clavecin.
Cocyte.
Codicille.
Couci-couci.
Courroucer.
Crécelle.
Crucifier.
Crustacé.
Décembre.
Décemvir.
Décence.
Décennal.
Déception.
Décès.
Décevoir.
Décider.
Décimer.
Décimètre (2).
Décisif.
Déficit.

Déicide (3).
Délicieux.
Dépecer.
Déprécier.
Difficile.
Diocésain.
Docile.
Domicile.
Douceur.
Effacer.
Efficient.
Épicer.
Épicier.
Espacer.
Exaucer.
Explicite.
Facétieux.
Facile.
Fallacieux.
Faucille.
Fèces.
Fécial.
Fiduciaire.
Foliacé.
Gibecière.
Glacer.
Gracieux.
Gréciser.
Gynécée.
Hallucination.
Herbacé.
Ici.
Imbécile.
Implicite.
Indécision.
Indicible.
Innocent.
Insouciant.
Isocèle.
Jacée.
Jacinthe.
Judiciaire.
Judicieux.
Lacédémone.
Lacérer.
Lacer.
Licence.

Licet.
Licite.
Liliacée.
Lucide.
Lucifer.
Lucine.
Lycée.
Macédoine.
Macérer.
Malicieux.
Mécène.
Médecin.
Nécessité.
Négocier.
Nicée.
Océan.
Officier.
Officieux.
Pacifique.
Panacée.
Participer.
Pernicieux.
Pharmacie.
Placenta.
Placer.
Placet.
Placide.
Précédent.
Précepte.
Précepteur.
Précieux.
Précipice.
Précipiter.
Préciput.
Précis.
Prédécesseur.
Préjudicier.
Procès.
Procession.
Publiciste.
Racine.
Recéler.
Recenser.
Récent.
Receper.
Récépissé.
Recevoir.

Récidive.
Récif.
Récipé.
Récipiendaire.
Récipient.
Réciproque.
Récit.
Réticence.
Ricin.
Rubiacées.
Rutacées.
Saducéens.
Sarmentacées.
Saucer.
Scepticisme.
Sicilien.
Société.
Sociniens.
Solécisme.
Solliciter.
Souci.
Soucier (se).
Soucieux.
Soulacier.
Souricière.
Spacieux.
Spécial.
Spécieux.
Stoïcisme.
Sucer.
Suicide.
Superficiel.
Tacet.
Tacite.
Taciturne.
Testacé.
Vaciller.
Vaticinateur.
Varicocèle (4).
Vermicelle.
Vicence.
Vicissitude.
Voici.

CC.

Buccin.
Buccinateur.

---

(1) Tous les mots terminés en *mancie* s'écrivent de même.
(2) Ainsi que tous les mots de la nomenclature décimale.
(3) Tous les mots terminés en *cide* signifiant *meurtre* s'écrivent de même.
(4) Et autres termes de médecine en *ocèle*.

S (1).

Contre-signer.
Désuétude.
Entre-sol.
Monosyllabe.
Parasol.
Polysyllabe.
Préséance.
Présupposer.
Resacrer.
Résonner, *de son-*
ner.
Resortir, *de sortir.*

Soubresaut.
Tournesol.
Vraisemblable.

T.

Abbatial.
Ambitieux.
Argutie.
Aristocratie.
Balbutier.
Calvitie.
Comitial.
Croatie.
Dalmatie.

Démocratie.
Dévotieux.
Diplomatie.
Facétie.
Facétieux.
Gratiole.
Impéritie.
Initial.
Initier.
Insatiable.
Lithotritie.
Lilliputien.
Minutie.
Patient.

Péripétie.
Primatie.
Probation.
Prophétie.
Séditieux.
Superstitieux.
Suprématie.
Théocratie.

X.

Auxerre.
Auxonne.
Bruxelles.
Soixante.

3° Le son *s* médial s'écrit par c dans les mots terminés en CITÉ, Ex.: Modicité.

Exceptions :

SITÉ.
Adversité.
Densité.

Diversité.
Immensité.
Nécessité.
Perversité.

Université.

XITÉ.
Connexité.

Laxité.
Perplexité.
Prolixité.

4° Le son *s* médial s'écrit par c dans les mots terminés en CIEN, Ex.: Magicien.

Exceptions :

SIEN.
Parnassien.
Paroissien.
Sien.

TIEN.
Béotien.
Capétien.

Dioclétien.
Domitien.
Égyptien.
Gratien.

Helvétien.
Lilliputien.
Titien.
Tribunitien.

5° Le son *s* médial s'écrit par c dans les verbes terminés en CIR (*cire*), Ex.: Farcir. Excepté *épais*sir, *gros*sir, *rous*sir, *réus*sir, *tran*sir.

6° Le son *s* médial s'écrit par ç dans les voyelles *a*, *o* et *u* lorsque ce son est un signe de dérivation, Ex.: Façade, de

(1) Quoique entre deux voyelles, le son *s* se prononce *ss* dans les quatorze mots suivants, E.: *contre-signer, dé-suétude, entre-sol*, etc.

face; façon de *faire;* effaçure, d'*effacer*, et dans les temps des verbes terminés en CER et en CEVOIR, Ex.: Nous me-naçons, nous aperçûmes, de *menacer* et *apercevoir*.

7° Le son *s* médial s'écrit par T dans les mots terminés en TION (*sion*), Ex.: Muni*tion*, ambi*tion*.

Exceptions :

CION.	Excussion.	Session.	Émersion.
	Fidéjussion.	Succession.	Émulsion.
Alcyon.	Impression.	Transgression.	Excursion.
Exsuccion.	Jussion.		Expansion.
Succion.	Mission, *composés*	**SION.**	Expulsion.
Suspicion.	*et dérivés.*	Appréhension.	Extension.
	Obsession.	Aspersion.	Pension.
SSION.	Oppression.	Ascension.	Propension.
Abscission.	Passion.	Aversion.	Pulsion.
Accession.	Percussion.	Compréhension.	Sion.
Agression.	Possession.	Contorsion.	Suspension.
Cession.	Pression, *et com-*	Conversion.	Tension *et compo-*
Concession.	*posés.*	Convulsion (1).	*sés.*
Concussion.	Procession.	Dimension.	Torsion.
Confession.	Profession.	Dispersion.	Version *et compo-*
Digression.	Progression.	Dissension.	*sés.*
Discussion.	Scission.		

SON S FINAL.

1° Le son *s* final s'écrit par s dans les mots masculins en US où le son *s* est sonore, Ex.: Plutu*s*. Excepté *capuce, Quinte-Curce, Améric Vespuce*, etc.

2° Le son *s* final s'écrit par SE, ou SSE, entre deux voyelles, Ex.: Cour*se*, forteres*se*.

Exceptions :

CE (2).	Atroce.	Bonace (*calme de*	Contumace.
	Audace.	*mer*).	Coriace.
Alsace.	Beauce.	Cappadoce.	Dédicace.
Astuce.	Besace.	Carapace.	Disgrâce.

---

(1) Et autres mots en *vulsion*.
(2) *C* entre deux voyelles.

Douce-amère.
Efficace.
Espace.
Espèce.
Face.
Fallace.
Féroce.
Fugace.
Galéace.
Glace.
Grâce.
Grâces (les).
Grèce.
Grimace.
Horace.
Limace.
Lovelace.
Luce (sainte).
Lucrèce.
Lutèce.
Menace.
Négoce.
Nièce.
Noce.
Pancrace.
Physionotrace.
Pièce.
Place.
Ponce (*pierre*).
Populace.
Pouce.
Précoce.
Préface.
Puce.
Race.
Rapace.

Rosace.
Sacerdoce.
Sagace.
Sauce.
Stace.
Surface.
Tenace.
Thrace.
Trace.
Véloce.
Villace.
Vivace.
Vorace.

CE (1).

Amorce.
Artaxerce.
Barce.
Commerce.
Divorce.
Ecorce.
Farce.
Fasce.
Gerce.
Perce (en).
Properce.
Ressource.
Source.
Tierce.
Vesce.

S.

Abraxas.
Agésilas.
Agnès.
Aloès.

Ambesas.
Ananas.
Anvers.
Argos.
Arras.
As.
Aspergès.
Athos.
Atlas.
Atropos.
Azygos.
Biceps.
Calchas.
Cébès.
Cécrops.
Cérès.
Creps.
Délos.
Épaminondas.
Ézéchias.
Ès arts.
Éthiops.
Eurotas.
Faguenas.
Florès.
Hélas!
Hermès.
Honorès (ad).
Hypocras.
Jonas.
Jonathas.
Kermès.
Laps de temps.
Lemnos.
Lesbos.
Mars.

Marsyas.
Ménélas.
Mérinos.
Midas.
Minos.
Mœurs.
Naxos.
Ops.
Os.
Ours.
Pallas.
Palès.
Pancréas.
Paphos.
Paros.
Pathos.
Patrès (ad).
Pélops.
Périclès.
Pythias.
Relaps.
Rhinocéros.
Rhyas.
Samos.
Scyros.
Séthos.
Tirésias.
Triceps.
Uzès.
Vasistas.
Xerxès.

X.

Aix, pr. *èce*.
Aix-la-Chapelle,
  pr. *èce*.

3° Le son *s* final s'écrit par CE dans les mots terminés en ANCE et en ENCE, Ex.: France, Florence. (Voir la règle 2 du son *an* médial, page 21.)

Exceptions :

ANSE.

Anse.
Banse.
Danse.
Ganse.

Hanse *ou* anse.
Panse.
Transe.

ENSE.

Défense.

Dense.
Dépense.
Dispense.
Immense.
Impense.

Intense.
Mense.
Offense.
Récompense.

(1) *C* entre une voyelle et une consonne.

6

4° Le son *s* final s'écrit par CE dans les mots terminés en ICE (*isse*). Ex.: Facti*ce*.

Exceptions :

ISSE.

Bisse.
Boutisse.
Bysse *ou* Byssus.
Céropisse.
Clarisse.
Clisse.
Coulisse.
Cyparisse.
Cuisse.
Éclisse.
Écrevisse.
Esquisse.
Génisse.
Jaunisse.
Jocrisse.
Larisse.
Lisse.
Mélisse.
Narcisse.
Pelisse.
Prémisses.
Pythonisse.

Réglisse.
Saucisse.
Suisse.
Ulysse.

S.

Acopis.
Adatis.
Adonis.
Amadis.
Amaryllis.
Anubis.
Atys.
Baucis.
Bis.
Briséis.
Busiris.
Cacis.
Capys.
Chryséis.
Cypris.
Diésis *ou* dièse.
Éleusis.
Erinnys.

Fils.
Gratis.
Ibis.
Iris.
Isis.
Itys.
Jadis.
Lachésis.
Laïs.
Lapis-lazuli.
Lis.
Macis.
Maïs.
Memphis.
Métis.
Myosotis.
Myrrhis.
Némésis.
Nolis.
Orchis.
Osiris.
Pâris.
Parisis.

Phalaris.
Procris.
Pubis.
Sémiramis.
Sysigambis.
Tanaïs.
Thémis.
Thétis.
Tunis.
Unguis.
Vis (une).
Zamolxis.
Zeuxis.

X.

Coccix *ou* coccyx.
Dix, *suivi d'une voyelle ou pris abstraitement.*
Hélix.
Six, *suivi d'une voyelle ou pris abstraitement.*

5° Le son *s* final s'écrit par CE dans les mots terminés en INCE (*ince*), Ex.: Provin*ce*. Sans exception.

6° Le son *s* final s'écrit par CE dans les mots terminés en ONCE (*once*), Ex.: Raipon*ce* (plante). Excepté *Alphonse* et *réponse* (ce qu'on répond).

Son T.

SON T INITIAL.

Le son *t* initial s'écrit par T, Ex.: *T*ableau.

Exceptions :

TH.

Thalassarchie.

Thalassomètre.
Thaler.
Thalie.

Thallophore.
Thamyris.
Thaumaturge.

Thé.
Théâtre.
Théanthrope.

Thèbes.	Théorbe ou téorbe.	Thermopyles.	Thorax.
Théiste.	Théorème.	Thersite.	Thrace.
Thème.	Théorie.	Thésauriser.	Thurifère.
Thémis.	Théopompe.	Thèse.	Thuya.
Thémistocle.	Thérapeute.	Thésée.	Thyeste.
Thénar.	Thérapeutique.	Thespis.	Thym.
Théocratie.	Thérèse.	Thessalie.	Thymus.
Théocrite.	Thériaque.	Thessalonique.	Thyrocèle.
Théodicée.	Thermes.	Thétis.	Thyroïde.
Théodose.	Thermidor.	Thomas.	Thyrse.
Théologie.	Thermomètre.	Thon.	

SON T MÉDIAL.

1° Le son *t* médial s'écrit par T, Ex.: Médi*t*ation.

Exceptions :

TH.	Cantharide.	Gothique.	Orthopédie.
	Carinthie.	Hélianthème.	Panthéisme.
	Cathédrale.	Héméropathe.	Panthéon.
Amalthée.	Cathéter.	Hypothèque.	Panthère.
Amathonte.	Catholicon.	Hypothèse.	Parenthèse.
Améthyste.	Catholique.	Idiopathie.	Parthénon.
Anathème.	Clotho.	Jonathas.	Pathétique.
Anthée.	Cothurne.	Jugurtha.	Pathologie (1).
Anthelmintique.	Cythère.	Léthargie.	Pathos.
Anthère.	Démosthènes.	Léthé.	Penthésilée.
Anthologie.	Diphthongue.	Léthifère.	Philanthrope.
Anthrax.	Dithyrambe.	Litharge.	Phthisie.
Anthropophage.	Dorothée.	Lithocolle.	Pléthore.
Antipathique.	Enthousiasme.	Lithographie.	Posthume.
Antithèse.	Enthymème.	Lithotritie.	Prométhée.
Apathie.	Épiméthée.	Logarithme.	Pyrèthre.
Apophthegme.	Épithalame.	Luther.	Pythagore.
Apothéose.	Épithète.	Luthier.	Pythias.
Apothicaire.	Éréthisme.	Lycanthrope.	Pythie.
Aréthuse.	Érythrée.	Marathon.	Python.
Arithmétique.	Esther.	Mathématiques.	Pythonisse.
Arthritique.	Éther.	Mathieu (fesse-).	Rhythme.
Authentique.	Éthiops.	Méthode.	Scythie.
Barthélemy.	Éthique.	Misanthrope.	Sethos.
Bathylle.	Ethmoïde.	Mithridate.	Stathouder.
Bethléem.	Éthiopie.	Mythologie.	Sympathie.
Béthulie.	Éthopée.	Ophthalmie.	Synthèse.
Bibliothèque.	Eurysthée.	Ornithologie.	Térébenthine.
Borysthène.	Gauthier.	Orthodoxe.	Timothée.
Bothnie.	Golgotha.	Orthographe.	Tithymale.
Callisthènes.	Gotha.	Orthologie.	Tithon.

(1) Et autres termes de médecine commençant par *patho.*

TT.

Abattement.
Abattoir,
Assujettir.
Ballotter.
Battre, *et composés*
Betterave.
Blottir (se).
Bottelage.
Brouetter.
Buttière.

Buvotter.
Cachotterie.
Concetti.
Cutter.
Flatter.
Flotter.
Fouetter.
Frisotter.
Garrotter.
Gigotter.
Gratter.
Gobelotter.

Guetter.
Guttural.
Hottée.
Hottentot.
Hutter (se).
In petto.
Layetterie (1).
Littéral.
Littérature.
Lettre.
Lutter.
Marcotter.

Mettre, *et compo-*
sés.
Nettoyer.
Ottoman.
Pittoresque.
Quitter, *et compo-*
sés.
Regrettable.
Sagittaire.
Sottise.
Trotter.

2° Le son *t* médial s'écrit par TT dans les mots commençant par AT (*ate*), Ex.: A*tt*itude.

Exceptions :

TH.

Athalie.
Athée.
Athénée.
Athènes.
Athermasie.
Athlète.
Athos.

T.

Atabale.
Ataxie.
Ataraxie.
Atechnie.
Atelier.
Atellanes.
Atemadoulet.
Atermoiement.

Atermoyer.
Atiche.
Atila.
Atlante.
Atlas.
Atmidomètre.
Atmosphère.
Atocie.
Atome.
Atonie.

Atour.
Atout.
Atrabilaire.
Atre.
Atrée.
Atrides.
Atroce.
Atrophier.
Atropos.
Atypique.

. SON **T** FINAL.

1• Le son *t* final s'écrit par TE, Ex.: Fas*te*.

Exceptions :

TH.

Astaroth.
Béelzébuth.
Bismuth ou bis-
　mut.
Goliath.
Judith.
Loth.
Luth.
Nazareth.
Sabaoth.

Spath.
Turbith.
Zénith.

THE.

Absinthe.
Acanthe.
Agathe.
Bérécynthe.
Chrysolithe.
Cyathe.
Égisthe.

Érymanthe.
Hippolithe, *pierre.*
Hyacinthe.
Labyrinthe.
Lapithe.
Marthe.
Ménianthe.
Meurthe.
Oolithe.
Parthe.
Plinthe.
Pyracanthe.

Radamanthe.
Scythe.
Térébinthe.
Xanthe.

TTE.

Ablette *ou* able,
　subst. masculin.
Amulette, *subst.*
　masculin.
Baratte.
Batte.

(1) *Layetier* est régulier.

Bellotte.	Marmotte.	Caput-mortuum.	Occiput.
Botte.	Marotte.	Christ.	Opiat.
Butte.	Menotte.	Chut!	Ost.
Calotte.	Motte.	Cobalt.	Ouest.
Carotte.	Natte.	Compact.	Pat (terme d'é-
Chatte.	Patte.	Comput.	checs).
Chattemite.	Quenotte.	Contact.	Post-scriptum.
Chènevotte.	Quitte (il est).	Correct.	Prétérit.
Crotte.	Squelette.	Déficit.	Prurit.
Culotte.		Direct.	Rapt.
Datte (fruit).	**TES.**	Dot.	Rit.
Flotte.	Certes.	Est (l').	Rut.
Gavotte.	Entrefaites (1).	Et cætera.	Sinciput.
Gélinotte.		Exact.	Sept, suivi d'une
Gibelotte.	**TT.**	Fat.	voyelle (2).
Glotte.	Pitt.	Granit.	Spalt.
Goulotte.		Hast.	Subit.
Goutte.	**T.**	Heurt.	Tacet.
Griotte.	Abject.	Huit, suivi d'une	Tact.
Grotte.	Accessit.	voyelle (2).	Toast, pr. toste.
Gutte (gomme).	Achmet.	Indult.	Transeat.
Hotte.	Aconit.	Infect.	Transit.
Hulotte.	Alost.	Introït.	Ut.
Hutte.	Apt.	Lest (le).	Veniat.
Jatte.	Azimut.	Licet.	Vivat.
Latte.	Bajazet.	Lut.	Zest.
Linotte.	Brest.	Mat.	Zist (entre le zist et
Lutte.	Brut.	Obit.	le zest).
Marcotte.			

2° Le son *t* final s'écrit par TTE dans les mots féminins terminés en ETTE (*éte*), Ex.: Fourch*ette*. Excepté *Élisabeth, comète, diète* (la), *diète* (privation), *épithète, planète.* On peut y comprendre aussi *fête* et *tête.*

Son V.

SON V INITIAL.

Le son *v* initial s'écrit par v, Ex.: *V*agabond. Excepté quelques mots étrangers qui prennent le w.

---

(1) Et quelques mots qui n'ont point de singulier.
(2) Excepté *huit* de pique, etc., *sept* de pique, etc.

SON **V** MÉDIAL.

Le son *v* médial s'écrit par v, Ex.: Mouvoir. Sans autres exceptions que quelques mots étrangers.

SON **V** FINAL.

Le son *v* final s'écrit par VE, Ex.: Fleuve. Sans autres exceptions que quelques mots étrangers.

Son Z.

SON **Z** INITIAL.

Le son *z* initial s'écrit par z, Ex. Zodiaque. Sans exception.

SON **Z** MÉDIAL.

1° Le son *z* médial s'écrit par s lorsque ce son est entre deux voyelles, Ex.: Maison.

Exceptions :

X.	Alguazil.	Bézoard.	Lazaroni.
	Amazone.	Bizarre.	Lézard.
Deuxième.	Apozème.	Colza.	Luzerne.
Dixième.	Azaphie.	Coryza.	Mazette (*mauvais*
Sixain.	Azérole.	Dizain.	*cheval*).
Sixième.	Azi.	Dizeau.	Onzième.
	Azygos.	Dizenier.	Pizarre.
ZZ.	Azimut.	Donzelle.	Rhizagre.
Lazzi.	Azones.	Gaza.	Rhizophage.
Mezzo termine.	Azote.	Gazette.	Suzerain.
Mezzo tinto.	Azur.	Gazon.	Syzygie.
Piazzi, *astronome*.	Azyme.	Gazouiller.	Uzès.
	Bajazet.	Horizon.	Zinzolin.
Z.	Bazar.	Lapis-lazuli.	Zigzag.
Alezan.	Béelzébuth.	Lazare.	Zizanie.
Alèze.	Béziers.	Lazaret.	

2° Le son *z* médial s'écrit par s dans Alsace, balsamine,

transaction, et tous les mots commençant par *trans* suivi d'une voyelle.

Le son *z* final s'écrit par SE dans les mots où ce son est précédé d'une voyelle, Ex.: Frileu*se*.

Exceptions :

ZE.			**Z.**
Alize.	Corrèze.	Quatorze.	Achaz.
Bonze.	Douze.	Quinze.	Booz.
Bouze de vache ou	Farlouze.	Seize.	Gaz.
bouse.	Gaze, *étoffe*.	Topaze.	
Bronze.	Laize ou laise.	Trapèze.	
	Mélèze.	Treize.	
	Onze.		

Son *CH*, consonne double.

Le son *ch* initial s'écrit par CH, Ex.: *Ch*andelle.

Exceptions :

SCH.			
Schabraque.	Schall *ou* châle.	Schénobate.	Schismatique.
Schaff.	Scheik.	Schéva.	Schisme.
Schaffouse.	Schelling.	Schiller.	Schiste.
Schah.	Schématique.	Schisées.	Schlague.
	Schène.	Schisma.	Shako.

Le son *ch* médial s'écrit par CH, Ex.: Mâ*ch*er. Sans exception.

Le son *ch* final s'écrit par CHE, Ex.: Fanfrelu*che*. Excepté *Auch* (*géographie*) et *punch*.

Son *GN* mouillé, consonne double.

SON **GN** INITIAL.

Le son *gn* initial n'est jamais mouillé et se prononce *g-ne;* il s'écrit par GN, Ex.: *G*nome, prononcez *g-nome*.

SON **GN** MÉDIAL.

Le son *gn* médial est mouillé et s'écrit par GN, Ex.: Ma*gn*ificence.

Le son *gn* n'est point mouillé dans les mots suivants et se prononce *g-ne* :

Agnat.	Igné.	Impugnation.	Progné.
Agnus.	Ignicole.	Inexpugnable.	Régnicole.
Diagnostique.	Imprégnation (1).	Magnat.	Stagnation.

SON **GN** FINAL.

Le son *gn* mouillé final s'écrit par GNE, Ex.: Vergo*gn*e. Sans exception.

Son *X*, consonne double.

SON **X** INITIAL.

Le son *x* initial s'écrit par x et se prononce *gz*, Ex.: Xavier. Sans exception.

SON **X** MÉDIAL.

1° Le son *x* médial s'écrit par x et se prononce *gz* dans les mots commençant par EX (*egz*): E*x*ercice. Sans exception.

---

(1) *Imprégner* suit la règle.

2° Le son *x* médial s'écrit par x et se prononce cs, Ex.: Me*x*icain.

3° Le son *x* médial s'écrit par cc et se prononce *cs* dans les mots commençant par ac, oc, suc suivis d'un *e* ou d'un *i*, Ex.: A*cc*essible, O*cc*ident, su*cc*éder. Sans exception. Voir la règle du son *C dur.*

4° Le son *x* médial s'écrit par ct et se prononce *cs* dans les mots terminés en ction (*csion*), Ex.: Malédi*ct*ion. Sans exception.

SON X FINAL.

Le son *x* final s'écrit par xe et se prononce *cs*. Ex.: Para-do*xe*.

Exceptions :

X.			
	Coysevox.	Larynx.	Silex.
	Dax.	Lynx.	Smilex.
Ajax.	Essex.	Murex.	Sphinx.
Anax.	Félix.	Onyx.	Styx.
Anthrax.	Fox.	Phénix.	Syrinx.
Astyanax.	Gex.	Pollux.	Thorax.
Borax.	Index.	Préfix.	Vertex.

OBSERVATION.

Après avoir établi les règles qui enseignent à écrire tous les mots de la langue française, il est important d'indiquer la marche à suivre au moyen d'un seul exemple, soit ARDEM-MENT, où nous avons le son initial *a*, le son médial *a*, repré-senté par *e*, les sons *r* et *d* médiaux, le son *m* médial, écrit par *mm*, et enfin le son final *an* écrit par *ent.*

Que dit la règle du son *a* initial? « *Le son a initial s'écrit par* A. » Parcourant ensuite la liste des mots formant les ex-ceptions à cette règle, et n'y trouvant pas *ardemment*, on en conclut que ce premier son s'écrit par *a.* Point de difficulté pour les sons *r* et *d*, attendu d'abord que le son *d* médial ne se double que dans *adda, addition, adducteur, edda* et *resstion* (page 36), et ensuite que le son *r* médial s'écrit par r seul *r* (voir le n° 1, page 50), et qu'*ardemment* ne se trouve pas aux exceptions.

Vient après le second son *a*, qu'on entend à la suite du *f* et qui appartient au son *a* médial. Que dit la règle deuxième de ce son?... « *Le son* a *médial s'écrit par* E *suivi de* MM *quand ce son précède le son* man *dans les adverbes dérivés des adjectifs en* ENT (*an*). » (Page 4.) Donc le son médial *a* s'écrit par E dans *ardemment*.

Quant au son *m* médial, la règle cinquième de ce son est ainsi conçue (page 45, règle 5) : « *Le son* m *médial s'écrit par* MM *dans les adverbes dérivés des adjectifs en* ANT *et* ENT (*an*). . *Ardemment* est un adverbe, il vient de l'adjectif *ardent ;* donc le son *m* médial s'écrit par MM.

Reste à juger le son *an* final, pour savoir s'il doit s'écrire par AN, AND, ANT ou ENT. La règle de ce son s'exprime ainsi (page 24) : « *Le son* an *final s'écrit par* ENT *dans les adverbes en* MENT (*man*). Sans exception. »

En procédant ainsi pour tous les mots dont on veut connaître l'orthographe, l'élève se familiarisera promptement avec les règles et leurs exceptions, et en peu de temps fera de sûrs et rapides progrès, surtout s'il est dirigé par un bon maître.

On comprend, d'après ce qui précède, que lorsqu'une lettre est dans le simple elle est aussi dans le composé. Ainsi OFFRIR, dont le son *o* initial s'écrit par o et le son *f* médial par FF, donne *désoffrir, mésoffrir*. Il en est de même de *prendre*, qui donne *comprendre, reprendre*, etc. Les PP, dans *apprendre*, sont voulus par la règle du son *p* médial qui dit : « *Le son* p *médial s'écrit par* PP *dans les mots commençant par* APPR (*apr*). » (Page 49, règle 3.)

Pareillement, les dérivés d'un mot et ses analogues suivent la même orthographe, Ex.: HARENG, où le son *a* initial s'écrit par H et le son *an* final par ENG, et qui donne *harengade, harenguine, harengaison, harengale, harengère, harengeric*. DENSE amène *condenser, densité*, etc.

REMARQUE SUR LES EXCEPTIONS.

Nous aurions pu, comme il est facile de s'en convaincre, réduire les listes des mots qui font exception aux règles, car il en est un grand nombre qui sont d'un usage peu fréquent; mais où se serait arrêtée notre élimination? C'est au maître de juger quels sont les mots qu'il doit dicter à l'élève, selon sa force et son âge, se réservant plus tard de lui faire écrire les autres. Nous dirons même que nous avons omis à dessein beaucoup de noms de sciences, de géographie, d'histoire et de technologie, convaincus que, dans le cours de leurs études, les élèves auront l'occasion d'apprendre à les orthographier, s'ils leur sont nécessaires, ne nous étant appliqués qu'à donner ceux d'un usage plus général.

En résumé, au moyen des règles et de moins de quatre mille mots qui leur font exception (nous ne comprenons pas dans ce nombre ceux qui appartiennent aux sciences, à l'histoire, à la géographie, ni ceux qui sont rarement employés), on arrivera à écrire correctement les quarante mille mots environ de la langue française.

Nous ajouterons en terminant que ces quatre mille mots exceptés, étant ordonnés d'après l'analogie de leur orthographe, peuvent être étudiés sans aucun effort de mémoire, ce que ne permettra jamais l'usage auquel nous nous sommes condamnés jusqu'à ce jour.

FIN DE L'ORTHOGRAPHE D'USAGE.

LIVRE II

PRONONCIATION

Les règles que nous avons données dans le premier livre, intitulé ORTHOGRAPHE D'USAGE, pourraient, à la rigueur, être considérées comme enseignant la prononciation des mots. En effet, les règles qui s'appliquent aux sons voyelles apprennent que l'*e* se prononce A dans *ardemment, femme, indemnité, nenni;* que AE se prononce A dans *Caennais;* que AO se prononce A dans *Laonnais;* que HA se prononce A dans *réhabiliter;* que AC, ACA, AH se prononcent A dans *tabac, almanach, Allah;* que le P médial ne se prononce pas dans *baptême, promptement;* qu'à la fin des mots presque tous les sons consonnes se font entendre. Mais cela ne suffit point encore: aussi allons-nous dans ce second livre étudier la prononciation de toutes les lettres de notre alphabet, en nous conformant à la marche que nous avons déjà suivie, c'est-à-dire que nous diviserons ce livre en deux sections : l'une ayant pour objet les *voyelles*, l'autre les *consonnes*.

PREMIÈRE SECTION

PRONONCIATION DES VOYELLES

Nous savons comment se prononcent A, É, È, I, O, U, mais nous ignorons encore leur *quantité*, c'est-à-dire le temps plus ou moins long qu'on met à les prononcer. Étude indispensable, dont on ne tient pas assez compte, ainsi que nous le verrons au troisième livre. Comme il serait difficile de mieux faire que le célèbre grammairien DEMANDRE, nous allons lui emprunter tout ce qu'il a dit d'important à ce sujet.

Afin de distinguer les syllabes brèves des syllabes longues, nous ferons usage de ces deux signes : ˘, ¯; le premier, placé sur la voyelle, indiquera qu'elle doit se prononcer brève, le second qu'elle doit se prononcer longue.

RÈGLES DE QUANTITÉ

A

A, lettre de l'Alphabet, est long : *il ne sait ni ā ni b*. Il est bref à la troisième personne du verbe *avoir* et quand il est préposition, *il ă, il ă dit ă Paul*.

A, au commencement des mots, est ordinairement fermé et bref : *ărriver*. Il est long dans *ācre, āge, āme, āne, ānus* et *āpre*, et leurs dérivés.

A est bref à la fin des mots : *il iră, sofă, mă, tă, să*.

ABE est bref dans *syllăbe*, et long dans *astrolābe*.

ABLE est bref dans les adjectifs *agréăble, aimăble*, etc., et dans les deux substantifs *étăble et tăble*. Il est long dans les substantifs *cinābre, fāble*, etc., et dans ces verbes : *il accāble, il hāble* et *il sāble*.

ABRE est long : *sābre, il se cābre*, même lorsque le nom prend une terminaison masculine : *se cābrer*, etc. (1).

AC est bref : *almanăch, tabăc, săc*, même quand le *c* se prononce, etc.

ACE est bref : *audăce*. Il ne faut excepter que *grāce, espāce, on lāce, on délāce, on entrelāce*.

ACHE est bref : *tăche* (souillure), etc. Il est long dans *lāche, tāche* (mesure d'ouvrage), *gāche, relāche, il māche, il se fāche* et *il rabāche*; ces derniers gardent la même quantité devant une terminaison masculine : *gācher*, etc.; ordinairement l'a prend l'accent circonflexe pour remplacer l's muet que l'on écrivait autrefois : *relasche, tasche*, etc.

---

(1) On appelle mot à terminaison masculine celui qui ne finit point par un e muet suivi ou non d'un s.

ACLE est bref : *orăcle*, etc.; il est tout à fait long dans *débācle*, *mirācle, il débācle* et *il rācle.*

ACRE est bref : *diăcre*, etc. Il est long dans *ācre.*

ADE est toujours bref : *aubăde, balăde, cascăde, il persuăde,* etc.

ADRE est bref dans *lădre,* et long dans *cādre,* substantif et verbe, etc. Cette syllabe est longue même avant une terminaison masculine : *il encādra,* etc.

AFE, AFFRE, APHE sont toujours brefs : *agrăfe, ăffre, épităphe,* etc.

AFLE est long : *rāfle, j'érāfle,* etc., même lorsque l'*e* muet se change en une autre voyelle : *j'érāflais,* etc.

AGE est bref : *bocăge, il saccăge,* etc., excepté dans *āge* (période de la vie).

AGNE est toujours bref : *campăgne,* excepté dans le seul verbe *gāgner, je gāgne.*

AGUE est toujours bref : *băgue, dăgue, văgue, il extravăgue,* etc.

AI, diphthongue, est long quand il a le son de l'*e* ouvert : *vraī,* et bref quand il approche de l'*e* fermé : *geaĭ,* etc.

AIE est toujours long : *plaīe,* etc.: mais si la syllabe finale est mouillée, *ai* qui la précède est bref : *je păie,* etc.

AIENT est toujours long : *ils aimaīent,* etc.

AIGNE est toujours bref : *châtaĭgne, je daĭgne, il se baĭgne, il saĭgne.*

AIGRE est bref dans *aĭgre* et *vinaĭgre,* et long dans *maīgre.*

AIL est toujours bref : *bercaĭl, détaĭl, travaĭl,* etc.

AILLE est bref dans *médaĭlle, je détaĭlle, j'émaĭlle* et *je travaĭlle,* à l'indicatif; il est long dans *qu'il y aīlle, qu'il bataīlle,* etc., et dans les autres mots ainsi terminés : *bataīlle, funéraīlles,* etc.

AILLÉ, AILLER suivent la même quantité dans les mots précédents d'où ils sont dérivés : *détaĭller* et *bataīller,* etc.

AILLEUR est long dans *baīlleur,* et bref dans *raĭlleur, rimaĭlleur, aĭlleurs,* etc.

AILLET, AILLIR sont brefs : *maĭllet, paĭllet, assaĭllir, saĭllir,* etc.

AILLON est bref dans *bataĭllon, médaĭllon. nous émaĭllons, détaĭl-lons* et *travaĭllons.* Hors de là, il est long : *baīllon, nous taīl-lons,* etc.

AIM, AIN sont longs, suivis ou non d'une consonne : *faīm, paīn, je craīns,* etc.

AINE est long dans *chaīne, gaīne, haīne, je traīne* et leurs dérivés. Hors de là il est bref : *fontaĭne,* etc.

AIR est bref : *aĭr, chaĭr,* etc.

AIRE est long : *une aīre, une paīre, chaīre, on m'éclaīre,* etc.

Aïs, Aix, Aise, Aisse sont longs : *palaïs, faïx, fournaïse, malaïse, caïsse*, etc.

Ait, Aite sont brefs : *attraït, retraïte;* excepté *il plaït, il naït* et *faïte* (sommet) avec leurs composés.

Al, Ale, Alle sont brefs : *băl, morăle, mălle*, etc., excepté *hāle, pāle, un māle, le rāle, il rāle*, même lorsque la finale devient masculine : *hāler, pāleur*, etc.

Am est long suivi d'une autre consonne : *chāmp*, etc.; il est bref si le *m* est redoublé : *enflămmer;* excepté *flămme*.

Ame est bref : *dăme*, etc.; excepté *āme, infāme, blāme*, et les prétérits en *āmes* : *nous aimāmes*, etc.

An est bref dans les finales : *rubăn*, etc.; il est long s'il est suivi d'une syllabe : *dānse*, etc.

Ane, Anne, Amne sont brefs : *cabăne, pănne*, etc.; excepté *āne, crāne, mānes, mānne* (nourriture), *je dāmne* et *condāmne*, et leurs dérivés.

Ant est toujours long : *cependānt, élégānt, le levānt, en allānt*, etc.

Ap est toujours bref, même quand le *p* se prononce : *căp, drăp*, etc.

Ape, Appe sont brefs : *păpe, frăppe*, etc.; excepté *rāpe, rāpé* et *rāper*.

Apre est long : *āpre, cāpre*.

Aque, Acque sont brefs : *Andromăque*, etc.; excepté : *Pāque, Jācques*.

Ar est bref même suivi d'un *c*, ainsi qu'au commencement des mots, quelque syllabe qui suive : *căr, părc, ărcher, mărcher*, etc.

Are est bref : *avăre*, etc.; excepté *barbāre*.

Ari, Arie sont brefs : *mări, Mărie;* excepté *hourvāri*, et *mārri, mārrie* (fâché).

Arr est toujours long : *bārreau, cārrière, cārrosse, lārron*, etc.

As est ordinairement long : *Pallās, un tās*, etc. As dans certains mots devient un peu aigu et bref : *du taffetăs, un canevăs, le brăs;* mais au pluriel ces mêmes mots deviennent longs.

Ase est toujours long : *hāse, Pégāse, rāse*, ainsi que les dérivés, *cāser*, etc.

Asque est toujours bref : *căsque, fantăsque, măsque*, etc.

Asse est bref : *chăsse*, etc.; excepté : 1° les substantifs *bāsse, cāsse, clāsse, échāsse, pāsse, nāsse, tāsse* et *chāsse* (de saint); 2° les adjectifs *bāsse, grāsse* et *lāsse;* 3° les verbes *il amāsse, enchāsse, cāsse, pāsse, compāsse, sāsse*, et leurs composés et dérivés; 4° la **première** et la deuxième personne du singulier avec la troisième du pluriel terminés en *asse* : *que j'aimāsse, que tu aimāsses, qu'ils aimāssent.*

ASTE, ASTRE sont toujours brefs : *chăste, făste, ăstre,* etc.

AT est long dans ces mots : *appât, bât, dégât, mât;* il est douteux à la troisième personne de l'imparfait du subjonctif; *qu'il aimât;* hors de là, il est bref : *avocăt,* etc.

ATE, ATES sont brefs; excepté *hāte, pāte, il empāte, gāte, māte, démāte,* et leurs dérivés, *gāter,* etc.; et à la deuxième personne du pluriel en *âtes : vous aimâtes,* etc.

ATRE, ATTRE sont brefs dans *băttre, quătre* et dérivés et composés de celui-ci; hors de là ils sont longs : *thēātre,* etc.

AU est long devant une terminaison muette : *aūge,* etc.; et quand il termine le mot et qu'il est suivi d'une consonne : *haūt, chaūx, faūx,* etc.

AVE est bref, même lorsqu'au lieu de l'*e* muet il suit une syllabe masculine : *conclăve, grăve, grăvier,* etc.

AX, AXE sont toujours brefs : *Ajăx, syntăxe,* etc.

E

L'E muet n'est point initial. Il ne se fait quelquefois point entendre quand il est médial, Ex.: Il étudiera, prononcez *il étudira.* D'autres fois on l'entend, Ex.: Nous aimerons, prononcez *nous aime-rons.* Lorsque dans un mot il y a plusieurs *e* muets, le pénultième est plus senti que celui qui le suit, Ex.: Revenir. Il n'est jamais suivi de deux consonnes, excepté à la troisième personne du pluriel des verbes, comme dans : Ils aim*ent.*

L'E muet final ne se prononce pas quand il suit une consonne sonore, Ex.: *Fatale;* ni dans les mots terminés en *ie* et *ue,* Ex.: *Argenterie, cérémonie, nue,* même quand il est surmonté d'un tréma, Ex.: *Aiguë, bévuë.*

Il est euphonique et se place après *g* suivi de *a, o, u,* Ex.: Je veng*e*ais, il partag*e*a, nous mang*e*ons, gag*e*ure, qu'on prononce : *Je venjais, il partaja, nous manjons, gajure,* etc.

EBRE, EC, ECE sont toujours brefs : *funĕbre, bĕc, niĕce,* etc.

ECHE est long : *pēche* (action de pêcher), *pēche* (fruit), etc.; *il pēche,* et ses dérivés; mais il est bref dans *brĕche, calĕche, crĕche, flammĕche, flĕche, il lĕche, sĕche* et *on pĕche* (pour : *on fait un pé-ché*).

ECLE, ECT, ECTE, EDE, EDER, sont tous brefs : *siĕcle, respĕct, insĕcte, tiĕde, cĕder,* etc.

EF est bref : *brĕf, chĕf,* etc.

EFFE est long : *grēffe,* etc.

EFLE est long dans *nēfle,* et bref dans *trĕfle.*

EGE est long : *collēge, manēge, siēge,* etc.

EGLE est bref : *espiĕgle, rĕgle, sĕigle,* etc.

EGNE est un peu long : *duēgne, rēgne,* même dans les dérivés : *rēgner,* etc.

EIGNE est bref : *ensĕigne, pĕigne, qu'il fĕigne,* etc.

EGRE, EGUE sont brefs : *nĕgre, intĕgre, bĕgue, collĕgue,* etc.

EIL, EILLE sont brefs : *solĕil, abĕille,* etc.; excepté *viēille, viēillard, viēillesse.*

EIN, EINT sont longs : *dessēin, serēin, attēint, dépēint,* etc.

EINE est long : *pēine, vēine,* etc.

EINTE est toujours long : *attēinte, dépēinte, fēinte,* etc.

EITRE est long : *rēitre;* c'est le seul mot qui s'écrive ainsi.

EL est toujours bref : *autĕl, cruĕl, sĕl,* etc.

ELE est long dans *frēle, il se fēle, il grēle, il se mēle, pēle-mēle, poēte, zēle;* hors de là, il est bref : *fidĕle, modĕle,* etc.

ELLE est toujours bref : *il appĕlle, cruĕlle, rebĕlle,* etc.

EM, EN, quand ils sont au milieu d'un mot et qu'ils sont suivis d'une autre consonne que la leur, allongent la syllabe : *exēmple, gēnre,* etc.; suivis de leur consonne redoublée, ils sont brefs, ainsi qu'à la fin des mots : *amĕn, itĕm,* etc.

EME est bref dans *crĕme, il sĕme;* hors de là, il est long : *baptēme, mēme,* etc.

ENE est long dans *alēne, arēne, cēne, chēne, frēne, gēne, pēne, rēne, scēne,* et dans les noms propres : *Athēnes, Mécēne,* etc.; et bref dans *ébĕne, phénomĕne.*

ENNE est toujours bref : *apprĕnne, étrĕnne,* etc.

ENT est long : *accidēnt,* etc., surtout quand il a le son de l'*a* ouvert : *ardēnt, violēnt,* etc.

EP, EPRE sont longs : *crēpe, guēpe, vēpres,* excepté *lĕpre.*

EPTE, EPTRE sont brefs : *précĕpte, il accĕpte, scĕptre, spĕctre,* etc.

EQUE, ECQUE sont longs dans *évēque, archevēque, obsēques,* et brefs ailleurs : *grĕcque,* etc.

ER est bref dans *cancĕr, chĕr, clĕrc, éthĕr, fratĕr, Jupitĕr, Lu-*

ciför, *magistĕr*, *patĕr*, et quelques noms propres étrangers ; il est long dans *amēr*, *enfēr*, *fēr*, *hivēr*, *mēr*, *vēr* ; il est bref si l'*r* est muet : *aimĕr Dieu*, et long s'il se fait entendre ; il est bref encore dans les mots où *r* est muet : *bergĕr*, etc.

ERBE, ERCE, ERSE, ERCHE, ERCLE, ERDE, ERDRE sont tous brefs : *hĕrbe*, *commĕrce*, *travĕrse*, *chĕrche*, *cĕrcle*, *qu'il pĕrde*, *pĕr-dre*, etc.

ERD, ERT sont brefs : *concĕrt*, *désĕrt*, *ouvĕrt*, *vĕrt*, etc.

ERE est long, bien que l'*e* muet se change en une autre voyelle : *chimēre*, *chimērique*, etc.

ERGE, ERGUE, ERLE, ERME, ERNE, ERPE sont tous brefs : *aspĕrge*, *exĕrgue*, *pĕrle*, *fĕrme*, *cavĕrne*, *sĕrpe*, etc.

ERR est bref dans *ĕrrant*, *ĕrrata*, *ĕrreur*, *ĕrroné*, *tĕrreur*, et long dans *il ērre*, *fērrer*, *guērre*, *pērruque*, *tērre*, *tērrain*, *ton-nērre*, *nous vērrons*, et dans les dérivés : *guērrier*, *tērrible*, *tēr-roir*, etc.

ERS est long : *dangērs*, *passagērs*, *pervērs*, *univērs*, etc.

ERTE, ERTRE, ERVE sont brefs : *alĕrte*, *tĕrtre*, *vĕrve*, etc.

ES, ÈS sont longs : *tu ēs*, *procēs*, *progrēs*, *dès*, préposition, *dēs*, *lēs*, *mēs*, *tēs*, *sēs*, *cēs*, pronoms, articles et adjectifs possessifs, *beautēs*, *vous chantēz*, etc.

ESE est long : *diocēse*, *Genēse*, *il pēse*, etc.

ESQUE est bref : *burlĕsque*, *grotĕsque*, *prĕsque*, etc.

ESSE est long dans *abbēsse*, *cēsse*, *comprēsse*, *confēsse*, *lēsse*, *prēsse*, *profēsse*, *s'emprēsse*, et bref dans leurs dérivés et tous les autres mots en *esse : cĕsser*, *tendrĕsse*, etc.

ESTE, ESTRE sont brefs : *funĕste*, *modĕste*, *terrĕstre*, *trimĕs-tre*, etc.

ET est long dans *acquēt*, *apprēt*, *arrēt*, *benēt*, *forēt*, *genēt*, *inté-rēt*, *prēt*, *prophēte*, *protēt* et *tēt*, et l'*e* prend un accent circonflexe. Hors de là, cette syllabe est brève : *cadĕt*, *ĕt* (conjonction), etc.

ETE est long dans *arrēte*, *bēte*, *conquēte*, *crēte*, *enquēte*, *fēte*, *honnēte*, *quēte*, *tempēte* et *tēte*, et prend un accent circonflexe ; il est bref dans *comĕte*, *poĕte*, *prophĕte*. Souvent le *t* se redouble dans les noms brefs : *tablĕtte*, etc. Vous *ētes* paraît devoir être long.

ETRE est long dans *ancētre*, *champētre*, *chevētre*, *fenētre*, *guētre*, *hētre*, *prētre*, *salpētre* et *je me dépētre* ; *ētre* est le seul mot où l'*e* ouvert initial prend l'accent circonflexe *(être)*. Hors de là, il est bref, et le *t* se double souvent : *diamĕtre*, *lĕttre*, etc.

EU, diphthongue, est bref : *blĕu*, *fĕu*, *jĕu*, *pĕu*, etc.

Eux est long : *creūx, facheūx, je veūx,* etc.

Eve est long dans *grēve, trēve, il rēve;* ce dernier est long dans tous ses dérivés : *rēver,* etc., et bref dans *brĕve, fĕve, il achĕve, il crĕve, il se lĕve;* la pénultième de ces verbes, suivie d'une syllabe masculine, devient muette : *le lever,* etc.

Euf, euil, eul sont brefs : *neŭf, fauteŭil, tilleŭl,* etc.

Eule est long dans *veūle;* hors de là il est bref : *gueŭle, seŭle,* etc.

Eune est long dans *jeūne* (abstinence), et bref dans *jeŭne,* adjectif.

Eur est bref : *majĕur, odĕur, pĕur,* etc.

Eure est douteux, mais il devient bref s'il précède un autre mot : *une heŭre entière,* etc., et il devient long s'il est le dernier mot : *j'attends depuis une heūre,* etc.

Euse est long : *creūse, creūser, précieūse, quêteūse,* etc.

Evre est long : *chēvre, liēvre, orfēvre,* etc.

Ex est toujours bref : *ĕxemple, ĕxtirper, perplĕxe, sĕxe,* etc.

I

L'i ne se prononce pas dans : Encoignure, poignard, poignant, poignée, poignet, Montaigne (nom d'homme); il faut dire : *Encognure, pognard, pognant, pognée, pognet, Montagne.* L'y se prononce comme un *i* simple, Ex.: Analyse, et par deux *i* quand ce son est double, Ex.: Moyen, prononcez *moi-ien.* (Voir l'*Orthographe d'usage* pour le son final i.)

Le nombre des brèves, dit D'Olivet, l'emportant de beaucoup sur celui des longues, il est inutile ici de citer les syllabes qui ne varient jamais; en conséquence, toutes celles dont il n'est pas fait mention dans les terminaisons suivantes sont toujours brèves.

Idre est long : *cīdre,* etc.

Ie, diphthongue, est douteux : *amitié, carrière, fier, miel,* etc.

Ie, dissyllabe, est long : *vīe, saisīe, il crīe,* etc.; et bref quand l'e muet se change : *prier.*

Ige est long : *litīge, prodīge, je m'oblīge, il s'afflīge,* etc.; mais les verbes deviennent brefs quand l'e muet disparaît : *s'affliger, s'obliger,* etc.

Iʟᴇ est long dans *île* et *presqu'île;* hors de là, il est bref : *ar-gile,* etc.

Iᴍ, ɪɴ sont longs devant une autre consonne : *timbre, pinte;* et brefs quand leur consonne est redoublée : *immense, inné,* etc.

Iʀᴇ est long : *écrire, empire, il soupire, ils punirent,* etc. ; et bref devant une terminaison masculine : *soupirer, il désira,* etc.

Iꜱᴇ est long : *remise, surprise, j'épuise, ils lisent,* etc.

Iꜱꜱᴇ est bref, excepté aux premières personnes du singulier et aux troisièmes personnes du pluriel de l'imparfait du subjonctif : *que je fisse, qu'ils fissent,* etc.

Iᴛ n'est long qu'à l'imparfait du subjonctif : *qu'il dît,* etc., avec un accent circonflexe.

Iᴛᴇ est long dans *bénite, gîte,* et aux deuxièmes personnes du pluriel du passé défini de l'indicatif : *vous fîtes,* etc. ; il est bref dans *petite.*

Iᴛʀᴇ est long : *arbitre, titre,* etc. ; mais leurs dérivés sont toujours brefs : *arbitrage, titrer,* etc.

Iᴠᴇ est long dans les adjectifs féminins dont le masculin est en *if* : *captive,* etc. ; hors de là, il est bref ; *la rive, qu'il vive,* etc.

Iᴠʀᴇ est long : *vivre,* etc.

O

L'o est bref et fermé au commencement des mots, qu'il s'écrive par *o* ou *ho* : excepté *ôs, ôser, ôsier, ôter* et *hôte;* bien qu'on dise : *hôtel, hôtellerie.* Il ne se prononce pas dans *Laon.*

Oʙᴇ est bref : *dérobe, globe, lobe, robe,* etc.

Oᴅᴇ est long dans *je rôde;* hors de là, il est bref : *antipode, mode,* etc.

Oɢᴇ est un peu long dans *doge,* et bref hors de là : *éloge, horloge,* etc.

Oɢɴᴇ est long dans *rogne;* hors de là, il est bref : *Bourgogne,* etc.

Oɪ, diphthongue, est long à la fin du mot : *emploi, roi, moi,* etc.

Oɪᴇ est long : *joie, qu'il voie,* etc.

Oɪɴ est long quand il est final : *besoin,* etc., et quand il est suivi d'une consonne : *oint, joindre,* etc.

Oɪʀ, oɪʀᴇ; le premier est bref : *espoir,* etc.; le deuxième est long : *boire,* etc.

Oɪꜱ est toujours long : *bourgeois, fois, Danois,* etc.

Oɪꜱᴇ, oɪꜱꜱᴇ, oɪᴛʀᴇ, oɪᴠʀᴇ sont longs : *framboise, paroisse, cloître, poivre,* etc.

Oɪᴛ est long dans *il croît,* venant de *croître;* hors de là, il est bref : *il voït,* etc.

Oʟᴇ est bref : *gondŏle,* etc., excepté *contrôle, drôle, geôle, môle, rôle, il enjôle, il enrôle,* et leurs dérivés, *enrôler,* etc.

Oᴍ, oɴ s'allongent au milieu d'un mot et suivis d'une autre consonne : *bōmbe. cōnte,* etc.; ils deviennent brefs si leur consonne est redoublée : *hŏmme, persŏnne,* etc.

Oᴍᴇ, oɴᴇ sont longs : *atōme, amazōne,* etc.

Oɴs est toujours long : *actiōns, fécōnds, nous aimōns,* etc.

Oʀ est ordinairement très-bref : *butŏr, castŏr, bŏrd, effŏrt;* il est un peu long si une *s* termine cette syllabe : *cōrps, hōrs,* etc.

Oʀᴇ, oʀʀᴇ sont brefs : *aurŏre, abhŏrre,* etc.; il en est de même lorsque les mots qui n'ont qu'un *r* changent l'*e* muet contre un *é* fermé, comme *évapŏré,* tandis que les autres sont toujours longs : *j'abhōrrai, j'éclōrai,* etc.

Os, osᴇ sont longs : *grōs, hérōs, dōse, chōse,* etc.

Ossᴇ est long dans *endōsse, fōsse, grōsse, il désōsse,* et dans leurs dérivés : *fōssés,* etc.; hors de là, il est bref.

Oᴛ est long dans *dépōt, entrepōt, impōt, pōt, prévōt, rōt, suppōt, tantōt, tōt;* dans leurs dérivés, *prévōté* est long, *rŏti* est bref.

Oᴛᴇ est long dans *hōte, cōte, maltōte, j'ōte;* ces trois derniers restent longs devant une autre finale que l'*e* muet, *cōté, maltōtier, ōter,* etc.

Oᴛʀᴇ est long : *apōtre, nōtre, vōtre;* ces deux derniers sont brefs devant un substantif : *nŏtre serviteur, vŏtre serviteur.*

Oᴜᴅʀᴇ, oᴜᴇ sont longs : *pōudre, il lōue,* etc ; ils deviennent brefs devant une terminaison masculine : *pŏudré, lŏuer,* etc.

Oᴜɪʟʟᴇ est long dans *rōuille, il dérōuille, il s'enrōuille, il débrōuille,* et bref lorsque la terminaison est masculine : *rŏuiller,* etc.

Oᴜʟᴇ est long : *mōule, il se sōule, il fōule, il rōule,* etc.

Oᴜʀᴇ, oᴜʀʀᴇ sont longs : *bravōure, ils cōurent, de la bōurre,* et brefs lorsque la syllabe devient masculine : *cŏurrier,* etc.

Oᴜssᴇ est long dans *je pōusse;* hors de là, il est bref : *cŏussin, tŏusser,* etc.

Oᴜᴛᴇ est long dans *absōute, crōute, jōute, vōute, il cōute, je gōute, j'ajōute;* il est bref avant les terminaisons masculines : *ajŏuter,* etc.

Oᴜᴛʀᴇ est long dans *cōutre* et *pōutre,* et bref hors de là.

U

Uche est long dans *bŭche, débŭche, embŭche;* il est bref dans *bŭcher, débŭcher,* etc.

Ue, diphthongue, est bref dans *écŭelle.*

Ue, syllabe, est toujours long : *cohūe, tortūe, vūe, je distribūe,* etc.

Uge est long : *délŭge, jŭge,* etc., et bref lorsque la finale devient masculine, *jŭger, distribŭer,* etc.

Ui, diphthongue, est bref : *cŭir, cŭisine, fŭir, lŭire,* etc.

Uie est long : *plŭie, il s'ennŭie,* etc.

Ule est long : *je brūle, brūler, on brūlera,* etc.

Um, un sont longs au milieu du mot : *hūmble, j'emprūnte,* etc.; ils sont brefs à la fin : *parfŭm, brŭn,* etc.

Ume est long dans les premières personnes du pluriel du passé défini : *nous reçūmes,* etc.

Ure est long : *augŭre, il jŭre, parjŭre, verdŭre,* etc., et bref si l'*e* muet se change : *augŭrer, jŭrer,* etc.

Use est long : *excūse, inclūse, mūse, rūse,* etc. ; il est bref devant une finale masculine : *excŭser, refŭser,* etc.

Usse est long ; cette terminaison n'affecte que les verbes : *que je pūsse, qu'ils pūssent,* et quelques noms étrangers, où elle est brève : *la Prŭsse.*

Uce est toujours bref : *astŭce,* etc.

Ut est bref dans les substantifs *salŭt, tribŭt,* etc., excepté *fūt* (tonneau), et dans les passés définis des verbes : *il fŭt,* etc.: il est long à l'imparfait du subjonctif : *qu'il mourūt,* etc.

Ute, utes sont brefs dans les substantifs *chŭte,* etc., excepté *flūte;* ils sont longs dans les verbes : *vous fūtes, vous lūtes,* etc.

D'après ce qui vient d'être dit, on s'apercevra aisément qu'il serait possible de donner des règles générales qui ne seraient pas sujettes à un grand nombre d'exceptions; par exemple :

1o Les consonnes redoublées rendent la voyelle qui les précède brève; cette règle est positive, surtout si la consonne n'est ni un *r* ni un *s* : car il n'y a guère d'exception que pour ces deux-là : *ăbbé, ăccent, ăffaire, bĕlle, ĭmmense, ĭnnocent, une hŏtte, sŭggérer,* etc.;

2o **Toute pénultième formée par une voyelle qui est immédiate-**

ment suivie d'un *e* muet devient longue : *que j'aïe, aimēe, joïe, jolïe, connūe, une roūe, une couleur bleūe,* etc.; mais si, dans le même mot, l'*e* muet final se change en une autre voyelle. la pénultième devient toujours brève : *ăyant, jŏyeux, rŏuer, bleŭâtre,* etc.

3° Tous les mots terminés au singulier par une syllabe masculine brève doivent l'avoir longue au pluriel, à cause de *s* qui y est ajouté, comme : *săc, des sācs; almanăch, des almanāchs; essaĭ, des essāïs; détaĭl, des détaïls; l'aĭr, les aīrs; attraĭts, des attraīts; rubăn, des rubāns; ărt, des ārts; le brăs, les brās; un avocăt, des avocāts; un joyăŭ. des joyāŭx; un Grĕc, des Grēcs; un chĕf, des chēfs; dessĕin, des dessēins, un accĭdent, des accīdents; désĕrt, des desērts; sujĕt, des sujēts, odĕur, des odēurs; un délĭt, des délīts; tardĭf, tardīfs; complŏt, des complōts; bijŏu, des bijōux; un dŭc, des dūcs; consŭl, des consūls; statŭt, des statūts,* etc.

Il y a d'ailleurs beaucoup de syllabes longues qui, dans certaines circonstances, doivent ou peuvent être prononcées brèves; il est aussi des brèves qui deviennent quelquefois longues; ainsi, quoique *éternĕlle* ait la pénultième brève, et qu'on dise *d'éternĕlles amours,* cependant il arrive souvent, dans la déclamation soutenue et dans le chant, que l'on prononce *des amours éternēlles.* On en voit aussi des exemples pour ceux des noms en *esse* qui sont brefs, comme : *des carĕsses perfides, de perfides carēsses;* pour les noms en *ile* bref : *de stérĭles attentats, des attentats stérīles,* etc.

Un principe qui est d'une grande étendue dans la prosodie française, c'est qu'une syllabe douteuse, ou même brève, dans le milieu du discours, s'allonge fort souvent quand elle finit la phrase ou le membre de phrase qui donne un repos dans la prononciation; ainsi l'on dit : *un homme honnête, un homme brăve,* quoique l'on doive dire : *un brăve homme, un honnĕte homme,* etc. La raison en est simple : c'est que devant un repos, quelque léger qu'il soit, la voix a besoin de soutien, et que ce soutien se prend ordinairement sur la pénultième, dans la prononciation de laquelle la voix, se préparant à tomber totalement, traîne plus ou moins sensiblement, selon la qualité du repos et le ton de la prononciation.

PRONONCIATION DES VOYELLES COMPOSÉES

Æ se prononce *é* et ne se trouve plus que dans quelques mots venus du grec et du latin. Nous avons vu que *ae* se prononce *a* dans *Caennais*.

AI se prononce *é* au commencement, au milieu et à la fin des mots, Ex.: *A*igle, *ai*mer, ma*î*tre, ess*ai*. Excepté *ai*guille, *ai*guière, *ai*guiser, *ai*mable, *ai*mant (substantif) et leurs dérivés, et à la première personne du passé défini des verbes en ER et au futur de tous les verbes où *ai* se prononce *é*, *éguille, éguière, éguiser, émable, émant, je chanté, je chanteré, je finiré. Ai* a le son de l'*e* muet dans f*ai*sant (participe), je f*ai*sais, bienf*ai*sant; prononcez *fesant, je fesais, bienfesant.*

AIE se prononce *é* à la fin des mots, Ex.: Cr*aie*, ivr*aie*, pl*aie*, etc.

AY se prononce *è* suivi du son *i*, Ex.: Abb*ay*e, p*ay*s, p*ay*san, *ay*ant, etc., prononcez *abèi, pèi, pèisan, èiant.* Si *ay* est suivi d'une voyelle, celle-ci est légèrement mouillée, comme dans les verbes en AYER.

AO se prononce *o*, Ex.: *A*oriste, *a*oût, Sa*ô*ne; on dit cependant *a*oûter (*a-ou-ter*).

AU, EAU, ont le son de l'o médial, au commencement, au milieu et à la fin d'un mot, Ex.: *Au*dace, b*au*drier, boy*au;* be*au*coup, nouv*eau*, etc.; mais quand *au* est final et suivi de *d* ou de *t*, il se prononce *ô*, Ex.: Échaf*aud*, artich*aut*, etc.

EA se prononce *a* naturel et donne au *g* le son du *j*, Ex.: Org*ea*t.

EAI se prononce *é*, Ex.: Démang*eai*son. Excepté *geai* qu'on prononce *jé.*

EI, EY se prononcent *è*, Ex.: Ens*ei*gne, r*ei*ne, d*ey*, etc.

EO se prononce *o* dans G*eo*rge et *ô* dans ge*ô*lier. Il donne au *g* la prononciation douce du *j*.

EU, Eû se prononcent *eu* et *cû*, Ex.: F*eu*, j*eu*, j*eu*ne (qui n'est point âgé), j*eû*ne (abstinence); mais dans les temps du verbe AVOIR ils ont la prononciation de *u*, Ex.: J'*eus*, tu *eus*, il *eut*, nous *eûmes*, vous *eûtes*, ils *eurent*. *Eu*, dans gag*eu*re, se prononce *u*.

IE se prononce *i*, Ex.: Fol*ie*, jol*ie*, je pr*ie*, je pr*ie*rai, etc.

Œ, ŒU se prononcent *eu*, Ex.: *Œ*il, œuf, chœur, cœur, œu-vre, etc.

OI, OIE se prononcent *oi*, Ex.: *Oi*seleur, m*oi*sson, l*oi*, etc., j*oie*, pr*oie*, etc.

OU, OÙ, OUE se prononcent *ou*, Ex.: *Ou*vrage, m*ou*choir, f*ou*, b*ou*e.

UE, Uë se prononcent *u*, Ex.: Aven*ue*, aig*uë*, ambig*uë*, etc.

PRONONCIATION DES DIPHTHONGUES

Les diphthongues, telles que AIE, IA, IAN, IÉ, IÈ, IEN, IEU, IO, ION, OUA, OUAN, OUE, OUI, OUIN, UI et UIN ne font entendre qu'une seule émission de voix, comme dans : *Aie* (interjection), Bisc*aie*, l'un et l'autre un peu mouillés; d*ia*ble, v*ia*nde, moit*ié*, prem*iè*re, b*ien*, mil*ieu*, f*io*le, distract*ion* (en prose), *oua*te, baf*oua*nt, f*oue*t, *oui*, mars*oui*n, ennu*i* et j*uin*. Mais la plupart de ces assemblages de lettres qui ne font entendre qu'une syllabe en font entendre quelquefois deux, surtout en poésie, et cessent alors d'être diphthongues. Ainsi, IA, dans *diamant*; IÉ, dans *allié, ouvrier, ouvrière*; IEN, dans *lien*; IO, dans la nymphe *Io*; ION, dans *distraction*, et en poésie dans tous les mots en *ion*, se prononcent : *Di-a-mant, all-i-é, ouvri-er, ouvri-è-re, li-en, I-o, distracti-on*.

PRONONCIATION DES VOYELLES NASALES

Pour la prononciation des voyelles nasales, telles que : AN, AM, EAN, EN, EM, IN, IM, AIM, EIN, ON, OM, UN et UM, nous ne pouvons mieux faire que de renvoyer à l'Orthographe d'usage.

PRONONCIATION DES CONSONNES

B. — B conserve la prononciation qui lui est propre, même quand il est doublé, A*b*bé, a*bb*aye, a*bb*esse, ra*bb*in, sa*bb*at.

A la fin des mots, *b* se fait entendre dans : A*b* irato, a*b* ovo, Acha*b*, clu*b*, Jaco*b*, Joa*b*, Jo*b*, Moa*b*, radou*b*, ro*b*, rum*b*; il ne se prononce pas dans : Aplom*b*, colom*b*, plom*b*.

C. — C se prononce dur : 1° devant A, O, U, Ex.: *C*abane, colonne, *c*ulture. Excepté dans *second*, où il se prononce *g* (*segond*). 2° Devant L, N, R, T, Ex.: *C*lémence, *c*nesme (démangeaison), *c*rédulité, *Ct*ésiphon.

c se prononce *se* : 1° devant E et I, Ex.: *C*e, *c*eci, *c*itron, et 2° dans les mots terminés en ANCE, ENCE, ICE, INCE et ONCE, Ex.: Fra*n*ce, Flore*n*ce, fact*ic*e, prov*in*ce, o*n*ce, etc.

c se prononce à la fin des mots : Agari*c*, alambi*c*, aqueduc. (Voir l'Orthographe d'usage, page 36, au son *c* dur final.)

c ne se prononce pas à la fin des mots : Abje*ct*, aspe*ct*, circonspe*ct*, respe*ct*, suspe*ct*, distin*ct*, instin*ct*, succin*ct*; almana*ch*, ami*ct*, estoma*c*, taba*c*, cler*c*, cri*c*, ban*c*, blan*c*, fer-blan*c*, flan*c*, fran*c*, lac*s* (nœud de rubans), mar*c* (de raisin), raccro*c*, jon*c*, tron*c*; cependant on prononce le *c* dans les adjectifs *blanc* et *franc* suivis d'un mot commençant par une voyelle, Ex.: Du blan*c* au noir, un fran*c* étourdi, et dans *clerc*, lorsqu'on dit : De cler*c* à maître.

cc se prononcent comme *c* au milieu des mots devant Q, A, O, U, L, R, Ex.: A*c*quérir, a*cc*abler, a*cc*omplir, a*cc*user, a*cc*lamation, a*cc*réditer; mais les *cc* se prononcent devant È et I, Ex.: Su*cc*ès, a*cc*ident, fla*cc*idité, si*cc*ité, va*cc*ine; toutefois, le second *c* a la prononciation du *se*, Ex.: *Suc-cès, ac-cident, flac-cidité, sic-cité, vac-cine.*

D. — D conserve la prononciation qui lui est propre, Ex.: *D*ragon, man*d*arin, flui*d*e.

D se prononce à la fin des mots : Ci*d*, Davi*d*, Su*d*, Talmu*d*. (Voir page 37, au son *d* final.)

D ne se prononce pas dans : Quan*d*, cabillau*d*, réchau*d*, pie*d*, Madri*d*, mui*d*, ni*d*, plafon*d*, tréfon*d*, nœu*d*, et dans tous les mots qui amènent un *d* dans les dérivés : Échafau*d*, *échafauder;* far*d*, *farder;* froi*d*, *froide*, etc. Le *d* de pie*d* se prononce *t* dans pie*d-à*-terre.

F. — F a la prononciation qui lui est propre, Ex.: *F*rance, mé*f*iance, fie*f*. Dans les mots qui sont écrits par *ff* on n'en prononce qu'un seul, Ex.: A*f*ection, di*f*icile, e*f*roi, o*f*rir, su*f*rage, etc.

F ne se prononce pas à la fin des mots suivants : Le bœu*f* gras, cer*f*, ner*f* de bœuf, les ner*f*s, des œu*f*s frais. Dans neu*f* le *f* se fait entendre, mais il ne se prononce pas lorsqu'il est suivi d'un mot commençant par une consonne, Ex.: Neu*f* ca- valiers, neuf chevaux, etc.; il se prononce *ve* quand il est suivi d'un mot commençant par une voyelle, Ex.: Neuf heures, neuf années (*neuve heures, neuve années*).

G. — G se prononce dur devant A, O, U, Ex.: *G*alerie, *g*o- sier, *g*uttural, ma*g*asin, fa*g*oter, exi*g*uë, etc. Remarquons que *g* est moins dur devant U que devant A et O, Ex.: *G*uêpe, *g*uitare, Mar*g*uerite, fu*g*ue, etc.

G se prononce *j* devant E et I, Ex.: *G*eôlier, *g*ibier, etc.

GG se prononcent *g* simple, Ex.: A*g*lomérer, a*gg*lutiner, mais ils se font entendre dans su*gg*érer (*sug-gérer*).

G se fait entendre à la fin des mots suivants : Jou*g*, zigza*g*, Youn*g*, et dans quelques mots étrangers.

G ne se prononce pas dans : Étan*g*, haren*g*, oran*g*-outan*g*, rang, sang, seing, long, bourg, brandebourg, faubourg, Strasbourg, et quelques noms de villes.

H. — La lettre h muette n'empêche pas la liaison avec la dernière consonne du mot précédent, Ex.: Les hommes, les habitudes, les habits; mon homme, mon habitude, mon habit, comme si *homme, habitude, habit* étaient écrits sans h. En sorte qu'au singulier l'élision de *h* a lieu avec la voyelle qui termine le mot précédent, Ex.: L'homme, l'habitude, l'habit, etc.

La lettre *h* ne se prononce pas non plus au milieu et à la fin des mots, Ex.: Enthousiasme, luth, excepté dans ceux où le simple a un h aspiré, Ex.: Enhardir, rehausser; mais dans *exhausser* et *exhaussement* cette lettre est muette.

La lettre H, dite aspirée, est véritablement une consonne et repousse toute liaison, Ex.: Le héros, les héros, le hameau, les hameaux, etc. Excepté dans les dérivés de *héros*, où elle devient muette, *l'*héroïsme, les héroïnes. (Voir les listes des exceptions où la lettre h initiale est aspirée, pages 3, 5, 7, 12, 15, 16, 19, 20, 25, 27, 28, 29 et 31.)

Dans *Henri* la lettre *h* est aspirée, mais elle est muette dans la conversation.

Bien qu'on dise abusivement du fromage *d'Hollande*, de l'eau de la reine *d'Hongrie*, la lettre h est aspirée dans *Hollande* et *Hongrie*. Il en est de même dans *huit*, Ex.: *Le huit* de ce mois, *les huit* volumes que vous m'avez prêtés; c'est *le huitième* homme et *la huitième* femme qui viennent d'entrer. Excepté dans *dix-huit, vingt-huit*, où la lettre h est muette; prononcez *diz-uit, ving-tuite*.

Onze, onzième, et *oui* pris substantivement, se prononcent comme s'il y avait un *h* aspiré devant o, Ex.: Le onze, le onzième, le oui et le non.

J. — J conserve au commencement et au milieu des mots la prononciation qui lui est propre, Ex.: Joli, joujou, etc.

K. — K a toujours le son du *c* dur, quelle que soit la voyelle ou la consonne qui le suive, Ex.: Kan, kermesse, kilogramme, *k*nout, Yor*k*. Cette lettre n'appartient qu'aux mots étrangers.

L. — L a le son qui lui est propre au commencement, au milieu et à la fin des mots, Ex.: *L*ampe, ma*l*ice, fata*l*, etc.

Les mots qui s'écrivent par *ll* n'en font entendre qu'un seul, Ex.: A*ll*umer, co*ll*ége, etc., excepté ceux qui commencent par IL où les LL se font entendre, comme dans i*ll*égitime (*il-légitime*) et dans : A*ll*ah, a*ll*égresse, a*ll*eluia, a*ll*ocation, a*ll*ocution, a*ll*usion, a*ll*uvion, be*ll*iqueux, co*ll*aboration, co*ll*ationner (*conférer* (1), co*ll*ection, co*ll*égial, co*ll*ocation, conste*ll*ation, épe*ll*ation, équipo*ll*ent, flage*ll*ation, ha*ll*ucination, insta*ll*ation, li*ll*iputien, pa*ll*adium, Pa*ll*as, pa*ll*ium, po*ll*en, po*ll*icitation, po*ll*ution, pusi*ll*anime, so*ll*icitation, sy*ll*ogisme, titi*ll*er, vaci*ll*er, ve*ll*éité, vi*ll*eux. Indépendamment de ces mots, il en est un grand nombre sur lesquels on peut hésiter pour faire entendre ou ne point faire entendre les *ll;* l'ACADÉMIE se tait presque toujours à ce sujet.

L mouillé n'est jamais initial. Au milieu des mots il s'écrit par ILL, et à la fin par ILL ou IL, Ex.: Brouî*ll*on, fami*ll*e, péri*l*.

Lorsque *i* peut se détacher des *ll*, comme dans bri*ll*ant, on prononce *bri-iant;* mais si *i*, au contraire, appartient aux *ll,* comme dans brou*i*llon, on prononce *brou-ion*, ainsi que dans tous les mots où *ill* est suivi de *on*.

Dans les mots terminés en AILLE, EILLE, EUILLE, ILLE, OUILLE, les *ll* mouillés se prononcent *ieu*, rapidement et très-faiblement, Ex.: Fut*aille* (*futa-ieu*), tr*eille* (*tre-ieu*), f*euille* (*fe-ieu*), fam*ille* (*fami-ieu*), f*ouille* (*fou-ieu*). Il en est de même dans les mots terminés en AIL, EIL, EUIL, OUIL, Ex.: A*il* (*a-ieu*), sol*eil* (*solé-ieu*), orgu*eil* (*orgue-ieu*), fen*ouil* (*fenou-ieu*).

Lorsque *ill* est suivi d'un *é* fermé ou d'un *i* ou *y*, il se prononce *i*, Ex.: Mou*illé* (*mou-ié*), bou*illi* (*bou-i*), Neu*illy* (*Neu-i*).

_____

(1) Dans *collationner,* faire un petit repas, on ne prononce qu'un *l*.

L mouillé final se prononce de même *ieu*, mais encore plus faiblement que dans les mots terminés en AIL, AILLE, EILLE, EUL, etc., Ex.: Avri*l* (*avri-ieu*), péri*l* (*péri-ieu*). Cependant quelques lexicographes ne mouillent pas *l* dans ces deux derniers mots et prononcent *avri-le, péri-le*. Dans bari*l*, genti*l*, fusi*l*, gri*l*, outi*l*, persi*l*, *l* n'est point mouillé, mais il l'est dans bari*ll*et (*bari-ié*), genti*l*homme (*genti-ieuome*), fusi*ll*er, verbe (*fusili-ié*), outi*ll*er (*outi-ié*).

Nous ajouterons que la prononciation de *l* mouillé présente des difficultés telles, qu'il est presque impossible de la figurer avec exactitude. Ce n'est qu'en écoutant les personnes qui parlent purement leur langue qu'on peut apprendre à le bien prononcer.

M. — M a toujours le son qui lui est propre, Ex.: *M*aréchal, *m*aman, da*m*e, etc.

MM dans l'intérieur d'un mot se prononcent comme s'il n'y en avait qu'un seul, Ex.: Commander, commerce, etc., excepté dans les mots commençant par IM, Ex.: *I*mmortel, prononcez *im-mortel*, et dans quelques mots commençant par COM. Les *mm* se prononcent aussi dans Ammon, Emmanuel, sommité (*Am-mon, Em-manuel, som-mité*).

M suivi de *n* ne se prononce pas dans : Automne, dam*n*er et composés.

M à la fin des mots et non suivi d'un *e* muet se prononce, Ex.: Abraha*m* (voir page 46). Excepté dans *Adam, dam* et *quidam*.

N. — N a le son qui lui est propre, Ex.: *N*ature, ménage, ame*n*.

Dans les mots qui s'écrivent par *nn* on n'en prononce qu'un seul, Ex.: Abonner. Excepté dans co*nn*exion, quadrie*nn*al, quinque*nn*ium, septe*nn*al et trie*nn*al.

N à la fin des mots et non suivi d'un *e* muet ne se prononce pas, Ex.: Exame*n*, lycée*n*, mama*n*, etc. Excepté dans abdome*n*, ame*n*, Éde*n*, glute*n*, grame*n*, hyme*n* (1), liche*n* et polle*n*, où le *n* est sonore.

P. — P conserve le son qui lui est propre, Ex.: *P*ain, *p*é-*p*in, ca*p*.

Dans les mots qui s'écrivent par *pp* on n'en prononce qu'un seul, Ex.: A*p*plaudir.

P ne se prononce pas dans : Ba*p*tême, ba*p*tiser, ba*p*tismal, ba*p*tisant, exem*p*t, exem*p*ter, com*p*ter, com*p*table, com*p*tant, com*p*teur, com*p*toir, prom*p*t, et leurs dérivés, se*p*t, se*p*tième et se*p*tièmement. On ne le prononce pas non plus dans dom*p*ter, indom*p*table, escom*p*te.

P à la fin des mots se fait entendre dans : Ale*p*, ca*p*, ce*p* (2), hana*p*, crou*p*, jala*p*, jule*p* et sale*p*, mais on ne le prononce pas dans : Dra*p*, sparadra*p*, cham*p*, beaucou*p*, cou*p* et lou*p*.

Q. — Q est toujours suivi d'un *u* et conserve le son du *c* dur, Ex.: *Q*ualité, *q*uotidien, *q*uestion, etc. Il se prononce très-dur, suivi de *ua, uo, ue* : qualité, quotidien, quenouille, mais il l'est moins, suivi de *ué, ui* : quérir, quitter.

Q, dans les mots commençant par QUADR, se prononce *qouadr*, Ex.: *Q*uadrige ; dans : Aquatique, aquatile, équateur, équation, équatorial, quaker, on prononce *aqouatique, aqouatile, éqouateur, éqouation, éqouatorial, qouaker* ou plutôt *qouacre*.

Q dans *cinq* se prononce, mais dans *cinq* suivi d'un nom de nombre ou d'un substantif commençant par une consonne, il ne se prononce pas, Ex.: Cinq cents, cinq mille, cinq tables. Si, au contraire, il est suivi d'un mot commençant par une voyelle ou d'un *h* muet, il se fait entendre, Ex.: Cinq années, cinq hommes ; il en est de même dans cin*q* et demi et dans cin*q* de pique.

---

(1) On dit aussi *hymen* sans faire sonner le *n*.
(2) *Cep*, au pluriel *ceps*, se prononce *cè*.

Q dans *coq* se prononce, excepté dans *coq d'Inde,* qu'on prononce *co-d'Inde.*

R. — R conserve la prononciation qui lui est propre au commencement, au milieu et à la fin des mots, Ex.: *R*adeau, ca*r*afon, que*r*elle, ai*r*, cui*r*, etc.

RH initial se prononce *r*, Ex.: *Rh*éteur.

RR au milieu d'un mot se prononcent *r* simple, Ex.: Amar-rer, arrêt, etc. Excepté dans : Aberration, horreur, horrible, narration, torréfaction, où les deux *rr* se font entendre, ainsi que dans les mots commençant par *irr* comme irrationnel, etc., et au futur et au conditionnel des verbes *acquérir, mourir, courir* et dérivés, Ex.: *Aber-ration, hor-reur,* etc., *ir-ration-nel,* etc., *j'acquer-rai, j'acquer-rais, je mour-rai, je mourrais, je cour-rai, je cour-rais.*

R final, non suivi même d'un *e* muet, se prononce 1° dans les verbes en IR et en OIR, Ex.: Fini*r*, pouvo*ir;* 2° dans les substantifs en EUR, OIR et OUR, Ex.: Fond*eur*, fermo*ir*, *four*, etc.; 3° dans ame*r*, cha*ir*, che*r*, etc. (Voir page 53.)

Excepté 1° dans les mots qui ont un *r* dans les dérivés, Ex.: Franger, *frangère,* forger, *forgeron;* 2° dans les substantifs masculins en IER (noms de professions, de dignités et d'arbres), Ex.: Fermi*er*, chanceli*er*, poiri*er*, etc., et dans les infinitifs en ER et IER, Ex.: Aime*r*, fortifie*r*, etc., à moins que ceux-ci ne soient suivis d'un autre mot commençant par une voyelle, Ex.: Aime*r à* jouer.

S. — s conserve le son qui lui est propre au commencement et au milieu des mots, Ex.: *S*abre, ma*s*culin, mal*s*ain.

s, suivi de *c, p, q* et *t*, se prononce au commencement des mots, Ex.: *S*cabieuse, *s*patule, *s*quelette, *s*térile, excepté dans *sceau, sceller, schabraque.*

s entre deux voyelles se prononce *z*, Ex.: Mai*s*on. Excepté dans : Contre-*s*igner, dé*s*uétude, entre-*s*ol, monosyllabe et analogues, re*s*onner *(sonner de nouveau)*, pré*s*éance, présupposer, resacrer, soubresaut, tournesol et vraisemblable, où *s* se prononce ferme.

s, entre une consonne et une voyelle, se prononce ferme, Ex.: Masculin, excepté dans Alsace, balsamine, transaction, transiger, transeat, transit, transitoire et autres mots commençant par *trans* où le *s* a le son du *z*.

s entre une voyelle et *c* se fait entendre, Ex.: Adolescent, prononcez *adoles-cent*, etc.

ss entre deux voyelles se prononcent *s* ferme, Ex.: Moisson, etc.

s se prononce à la fin des mots suivants : Agésilas, a*s*, bi*s*, li*s*, maï*s*, etc. (Voir pages 61 et 62.)

s ne se prononce pas dans les mots terminés en *as*, *ais*, *is*, *ois*, *os*, *us*, lorsque ces finales amènent un *s* dans les dérivés, Ex.: Fracas, *fracasser*, français, *française*, indécis, *indécision*, matois, *matoise*, repos, *reposer*, plus, *plusieurs*.

Il ne se prononce pas non plus dans : *Ananas*, etc. (page 4), *accès*, etc. (page 11), *ais*, *dadais*, etc. (page 11), *abcès*, etc. (page 11), *Alexis*, *appentis*, etc. (page 15), *compos*, etc. (page 18), *cabus*, etc. (page 19), *céans*, *acens*, etc. (page 24), *matassins*, etc. (page 27), *abois*, etc. (page 28), *Châlons*, etc. (page 29), *dessous*, etc. (page 30), *Pâques*, etc. (page 36), *alors*, *corps*, etc. (page 54).

T. — T conserve la prononciation qui lui est propre, même quand il est suivi de *h*, Ex.: *T*ableau, médi*t*atif, do*t*, *th*éâtre, apo*th*éose, absin*th*e, lu*th*, etc.

t se prononce *s* dans les mots terminés en TION et en TIEUX, Ex.: Ambi*t*ion, ambi*t*ieux, et dans cap*t*ieux, etc. (page 57), abba*t*ial, argu*t*ie, etc. (page 59), Béo*t*ien, Capé*t*ien, etc. (page 59).

TT se prononcent comme un seul *t*, Ex.: A*tt*itude, etc., excepté peut-être dans : A*tt*ention, *attentionné*, a*tt*énuation, *atténuer*, a*tt*raction, *attractionnaire*.

T à la fin d'un mot ne se prononce pas, Ex.: Forma*t*,

file*t*, peti*t*, fago*t*, bu*t*, etc., excepté dans abje*ct*, do*t*, etc. (page 65).

Le *t* de *huit* et de *sept* se prononce quand il est suivi d'un mot commençant par une voyelle ou un *h* muet, Ex.: Hui*t* années, sep*t* années, hui*t* hommes, sep*t* hommes; mais il ne se fait point entendre si le mot qui vient après commence par une consonne, Ex.: Hui*t* cavaliers, sep*t* cavaliers, hui*t* sous, sep*t* sous. Excepté devant la préposition *de*, Ex.: Hui*t* et sep*t* de pique, de trèfle, de cœur, de carreau.

V. — v conserve toujours la prononciation qui lui est propre, Ex.: *V*agabond, mou*v*oir, fleu*v*e. Il ne se double jamais, excepté dans des noms étrangers où nous le prononçons comme notre *v*, Ex.: *W*olga.

X. — x n'a point de prononciation qui lui soit propre.

x se prononce *gz* au commencement des mots, Ex.: *X*avier, *X*énophon, etc., prononcez *G-zavier, G-zénophon;* cependant quelques-uns le prononcent *cs*.

x, dans les mots qui commencent par *ex* suivi d'une voyelle, se prononce *gz*, Ex.: *E*xalter, *e*xercice, *e*xil, *e*xotique, *e*xubérance : *eg-zalter, eg-zercice, eg-zil, eg-zotique, eg-zubérance.* Excepté dans ex*é*crable, ex*é*cration, où *x* se prononce *cs*. Il en est de même lorsque *ex* est suivi de *c, f, p, q, s, t*, Ex.: *E*xcellent, ex*f*oliation, ex*p*édition, ex*q*uis, ex*s*uder, ex*t*ase.

x dans Ai*x*, Au*x*erre, Au*x*onne, Bru*x*elles, soi*x*ante, se prononce comme *ss* entre deux voyelles : *Aisse, Ausserre, Aussonne, Brusselles, soissante.*

x se prononce *z* dans deu*x*ième, di*x*ième, di*x*-huit, di*x*-neuf. *Dix-sept* se prononce *disse-sept.*

x à la fin des mots, suivi ou non d'un *e* muet, se prononce *cs*, Ex.: A*x*e, parado*x*e, Aja*x*, inde*x* (page 69).

Z. — z a la prononciation qui lui est propre, Ex.: *Z*odiaque, *z*izanie, même à la fin des mots suivis ou non d'un *e* muet, Ex.: Dou*z*e, on*z*e, quator*z*e, etc., Acha*z*, Boo*z*, ga*z*.

CONSONNES DOUBLES

CH. — Ces deux consonnes se prononcent *che* et *c* dur.

Elles se prononcent *che* au commencement, au milieu et à la fin des mots, Ex.: *Chandelier*, mâ*cher*, fanfrelu*che*, etc., et même dans Au*ch* et pun*ch*. Le *s* qui précède *ch* ne se fait point entendre, comme dans *schisme*, etc.

Elles se prononcent *c* dur lorsque *ch* est suivi de *l, n* ou *r*, Ex.: *Chr*étien, Ara*chn*é, *Chl*oris. Il en est de même quand elles sont suivies de *a, o, u* dans les mots venant de l'hébreu, du grec et autres langues étrangères, Ex.: *Chanaan*, Nabu*ch*odonosor, caté*ch*umène. Dans Mi*ch*el-Ange, Ma*ch*iavel, ar*ch*iépiscopal, A*ch*éens, *ch* se prononce *k*. Comme il y a beaucoup d'exceptions aux règles précédentes, nous renvoyons au *Dictionnaire* de Bescherelle.

GN. — G et N, au commencement des mots, conservent la prononciation qui leur est propre, Ex.: *Gn*ome, prononcez *g-nome*.

GN au milieu des mots est mouillé. Aucun moyen de figurer ce son au moyen de lettres, il faut l'entendre prononcer de vive voix, Ex.: Ma*gn*ifique, vergo*gn*e, etc. Cependant le *gn* cesse d'être mouillé dans ma*gn*at, Pro*gn*é, re*gn*icole et sta*gn*ation, où *g* et *n* se font entendre : *mag-nat, Prog-né, reg-nicole, stag-nation*. Le *gn* d'impré*gn*er est mouillé. (Voir page 68.)

PH, RH, TH. — Ces consonnes doubles ne présentent aucune difficulté; on les prononce comme *f, r* et *t* simples, Ex.: *Ph*are, am*ph*ibologie, biogra*ph*e, *Rh*in, s'en*rh*umer, *th*éâtre, antipa*th*ie, men*th*e, lu*th*, etc.

Dans le premier livre, nous nous sommes appliqués à poser des principes aussi clairs que possible pour enseigner à écrire tous les mots de la langue française **conformément à l'usage**. Dans le deuxième, nous avons fait voir quelle quantité affecte les voyelles et comment on doit les prononcer, ainsi que toutes les consonnes. Le livre qui va suivre a pour objet la lecture à haute voix. Nous osons espérer que celui-ci offrira quelque compensation à l'aridité des deux précédents.

FIN DE LA PRONONCIATION

LIVRE III

DE LA LECTURE A HAUTE VOIX

Une belle voix, parfaitement accentuée, ni trop forte, ni trop faible, est sans doute d'un grand secours pour bien lire haut ; mais comme cet avantage est un don de la nature, et que tous les hommes ne le possèdent pas au même degré, on peut, au moyen d'exercices répétés, et surtout avec de la bonne volonté, se former un organe qui rende avec précision, et même avec élégance, et la prose et les vers.

Nous avons entendu dans notre jeunesse l'aimable auteur de la comédie des *Étourdis*, M. Andrieux, qui, n'ayant qu'un filet de voix, enchantait tout un auditoire. Mais aussi avec quel soin il donnait à chaque lettre la valeur qui lui est propre! Il se serait bien gardé de faire une voyelle longue, brève, et réciproquement, de prononcer incorrectement une consonne, de lier ensemble des mots que l'harmonie réprouve! Ponctuation, repos voulus pour faciliter la respiration, tout était calculé avec un art infini, au point que ceux qui l'écoutaient étaient ravis. Eh bien! les qualités qu'il possédait, nous ne voulons parler ici que de celles qui sont purement mécaniques, on peut les acquérir, et c'est ce que nous allons chercher à démontrer.

La première chose à observer, c'est, nous le répétons encore, de rester fidèle aux lois de la prosodie que nous avons étudiées (pages 73 et suivantes). Une accentuation en dehors de ces principes, loin de charmer l'oreille, la fatigue et la blesse. Il est donc essentiel de s'habituer à donner à

9

chaque voyelle la quantité qui lui est propre, à prononcer les consonnes conformément aux règles posées aux pages 86 et suivantes, et, dans l'assemblage des lettres entre elles, d'éviter le bredouillement, le bégaiement et le grasseyement. Bien que ce dernier défaut soit assez difficile à corriger, attendu qu'il est local et contracté presque en naissant, on peut cependant y parvenir. Démosthènes, le plus grand orateur de la Grèce, était atteint de ces trois défauts. Pour s'en défaire, il mettait quelques cailloux dans sa bouche, et, seul devant les flots irrités, il s'efforçait de prononcer haut et distinctement les mots et les phrases de la belle langue d'Homère.

Tout réside dans les bonnes habitudes que l'on contracte et qu'on renouvelle souvent. Fréquentez surtout la société choisie de Paris, la ville où l'on prononce les mots avec le plus de pureté, quelles que soient les prétentions de quelques localités ; écoutez ces femmes spirituelles et bien élevées qui mettent même quelque affectation à bien accentuer les mots de la langue française, de telle sorte qu'on dirait un chant qui sort de leur bouche, et que l'instinct seul leur donne; car tout idiome porte en soi de certaines lois qui se révèlent d'elles-mêmes à l'intelligence attentive.

La bonne prononciation française a pour laboratoire surtout la bouche moyenne : les dents, les lèvres et le gosier sont des instruments dont on sent peu l'effet, à l'inverse de la prononciation des Anglais, des Allemands et des Espagnols.

Mais c'est justement parce que le siége principal de toute bonne prononciation française est dans la bouche moyenne, qu'il est indispensable, pour que les sons soient moins sourds, de jeter, autant qu'il est possible et convenable, la parole au dehors, afin qu'elle parvienne aux auditeurs, et c'est ce qu'observent en particulier les orateurs et les acteurs qui, sans cette précaution, ne seraient pas entendus dans les parties les plus éloignées de la salle.

Nous l'avons dit plus haut, faire une voyelle *longue* quand elle est brève, ou *brève* quand elle est longue, c'est détruire toute l'harmonie du langage, c'est détruire tout l'effet qu'on veut produire.

Pour en donner un exemple, nous allons noter quelques vers de la scène entre don Gormas et Rodrigue, de la tragédie du *Cid*, en nous servant toujours du signe ‾ pour indiquer les longues, et du signe ˘ pour les brèves ou naturelles. L'*e* muet ne s'accentue pas.

RODRIGUE.

Ằ mōi, cōmte, deūx mōts.

LE COMTE.

Pằrle.

RODRIGUE.

Ōte-mōi d'ŭn doŭte.
Cŏnnāis-tŭ bĭeṇ dōn Diègue?

LE COMTE.

Oŭi.

RODRIGUE.

Pằrlōns bās; écoŭte :
Sāis-tŭ qŭe ce vĭĕillărd fūt lă mēme vĕrtŭ,
Lă văillānce ĕt l'hŏnnĕur de sōn tĕmps?... Le sāis-tŭ?

LE COMTE.

Pĕut-ētre.

RODRIGUE.

Cĕtte ărdĕur qŭe dāns lĕs yĕux je pŏrtę,
Sāis-tŭ qŭe c'ĕst sōn săng?... Le sāis-tŭ?

LE COMTE.

Qŭe m'īmpŏrte?

RODRIGUE.

Ằ quătre pās d'icĭ je te le fāis săvoĭr.

Maintenant changeons les longues en brèves et les brèves en longues.

RODRIGUE.

Ā mŏi, cŏmte, dĕux mŏts.

LE COMTE.

Pārle.

RODRIGUE.

Ŏte-mŏi d'ūn doŭte.
Cōnnăis-tū bien dŏn Dièguc?

LE COMTE.

Oūi.

RODRIGUE.

Pārlŏns băs; écoŭte :
Săis-tū qūe ce viĕillārd fŭt lā mĕme vērtū,
Lā vaĭllănce ēt l'hŏnnēur de sŏn tēmps?... Le săis-tū?

LE COMTE.

Pēut-ĕtre.

RODRIGUE.

Cētte ārdēur qūe dăns lĕs yĕux je pōrte,
Săis-tū qūe c'ēst sŏn săng?... Le săis-tū?

LE COMTE.

Qūe m'împōrte?

RODRIGUE.

Ā qūatre păs d'ĭcī je te le făis săvoĭr.

Ici plus d'harmonie, presque partout des non-sens; pour le prouver, comparons ces deux notations entre elles.

Ayant appris le sanglant outrage fait à son père, Rodrigue, impatient d'en tirer vengeance, cherche partout don Gormas : enfin il le trouve. Quel sentiment doit l'animer à la vue du comte dont il adore la fille? L'abordera-t-il d'un pas rapide et le rouge au front, comme s'il n'eût reçu de lui qu'une offense ordinaire et facilement réparable? Non, c'est à pas lents qu'il s'approche de Gormas. La pâleur répandue sur tous ses traits dit assez que dans cette terrible entrevue il faut qu'il meure ou qu'il tue celui qui a frappé son père à la joue; son amour pour Chimène ne soupçonne même pas un seul instant que dans l'un comme dans l'autre cas sa maîtresse est perdue pour lui. C'est la bouche glacée, d'où chaque parole tombe froide et pénétrante, qu'il dit à don Gormas : *A moi, comte, deux mots*, en faisant longues les syllabes, *moi, comte* et *mots*, qui brèves feraient un non-sens. Eh ! qui justifierait *deux* prononcé rapidement?

Don Gormas, en voyant Rodrigue, n'ignore pas quelle doit être la nature de l'entretien qu'il aura avec lui; mais il est brave et ne tremble pas, et sans s'émouvoir à cette interrogation, il répond avec calme : *Parle.* Si l'on faisait longue la première syllabe de ce mot, il en serait tout autrement, sa parole s'arrêterait dans sa bouche, il aurait peur ! *Ote-moi d'un doute*, poursuit Rodrigue. L'o de *ôte-moi*, et *ou* de *doute* sont des syllabes longues et conviennent parfaitement à la situation; si on les faisait brèves, comme dans la seconde notation, tout l'effet serait détruit. Il n'en est point ainsi dans : *Connais-tu bien don Diègue?* Rodrigue est pressé maintenant de dire à don Gormas quel est l'objet de la démarche qu'il fait près de lui, à quoi le comte répond : *Oui*, toujours avec calme, mais avec une certaine hauteur et d'un son de voix assez élevé. Rodrigue à cette parole retient encore sa colère près d'éclater : *Parlons bas; écoute.* Dans les deux vers suivants il module tous les tons pour mieux faire sentir les mérites de celui qu'il veut venger, et combien l'outrage a été sanglant. Certes, il n'en serait point ainsi s'il accentuait les mots comme dans la seconde notation, où les six syllabes longues *ver, tu, la, vaill, et* sont lourdes et dépourvues d'harmonie. La réponse *peut-être*, notée *pĕŭt-ĕtre*, est absurde. Il en est de même dans : *Cette ardeur, qŭe dăns lĕs yĕŭx je pŏrte*, quand, au contraire, Rodrigue doit appuyer fortement sur chacune des syllabes *dans, les* et *yeux*. Pareille observation à l'égard de : *Que m'importe*, et *A quatre pas d'ici je te le fais savoir.* Preuve qu'il est bien essentiel d'observer

9.

fidèlement les lois de la quantité, ou en d'autres termes de la prosodie.

Ce n'est point tout encore : pour bien lire à haute voix, il faut prononcer chaque mot, chaque phrase, avec l'*intonation* qu'exigent les sentiments que l'on doit exprimer, mais sans affectation. Une lecture bien faite a sa modestie, et il serait peu convenable d'affecter les allures et les éclats de voix des comédiens. Ce qui est bien, ce qui est indispensable à la scène, où les personnages sont en présence, serait, selon nous, déplacé devant un auditoire où le lecteur seul a la parole ; il suffit à celui-ci qu'il nuance avec intelligence tout ce qu'a voulu dire et penser l'auteur.

Une lecture à haute voix un peu longue et soutenue fatigue : il est donc essentiel que celui qui lit sache observer quelque repos pour reprendre haleine, et la ponctuation lui est d'un puissant secours. En première ligne est le *point*, qui indique qu'une phrase est finie, ou, en d'autres termes, comme nous l'avons dit dans notre *Grammaire*, que l'enchaînement des mots cesse. Cependant, ce repos peut se faire attendre ; mais toute phrase de quelque étendue est coupée nécessairement par le *point-virgule*, quelquefois par le *deux-points*, et souvent par des *virgules*, ce qui permet au lecteur de respirer un peu avant la fin de la phrase. Prenons ces quatre phrases qui terminent les *Considérations sur les causes de la grandeur des Romains et de leur décadence*, par Montesquieu :

« Les Turcs inondant tout ce qui restait de l'empire grec en Asie, les habitants qui purent leur échapper fuient devant eux jusqu'au Bosphore, et ceux qui trouvèrent des vaisseaux se réfugièrent dans la partie de l'empire qui était en Europe ; ce qui augmenta considérablement le nombre de ses habitants, mais il diminua bientôt. — Il y eut des guerres civiles si furieuses, que les deux factions appelèrent divers sultans turcs, sous cette condition, aussi extravagante que barbare, que tous les habitants qu'ils prendraient dans les pays du parti contraire seraient menés en esclavage ; et chacun, dans la vue de ruiner les ennemis, concourut à détruire la nation... »

« Bajazet ayant soumis tous les autres sultans, les Turcs auraient fait pour lors ce qu'ils firent depuis sous Mahomet II, s'ils n'avaient pas été eux-mêmes sur le point d'être exterminés par les Tartares... »

« Je n'ai pas le courage de parler des misères qui suivirent : je dirai seulement que, sous les derniers empereurs, l'empire, réduit aux faubourgs de Constantinople, finit comme le Rhin, qui n'est plus qu'un ruisseau lorsqu'il se perd dans l'Océan. »

Remarquons d'abord le *point* placé après *bientôt*, dernier mot de la première phrase, puis celui qui termine la deuxième, après *concourut à détruire la nation*. Le premier *point* n'admet pas un repos aussi prolongé que le second, attendu que la pensée de l'auteur n'est pas encore entièrement complétée.

Pas de difficulté pour la troisième et la quatrième phrase, puisque chacune d'elles forme un alinéa.

Quant aux repos après le *point-virgule* et le *deux-points*, ils ne doivent pas être plus sensibles que ceux que permettent les virgules simples. Il en est de même du *point admiratif* et du *point interrogatif*. Les *points suspensifs* seuls (...) permettent un repos aussi prolongé que le *point*.

Indépendamment des signes de ponctuation, il est encore quelques cas où un léger repos, que nous appellerons *appui*, peut avoir lieu, mais il faut qu'il soit à peine senti ; il sert, dans les vers de douze syllabes, à marquer la césure après la sixième ; dans les vers de dix syllabes, après la quatrième, et de plus, à la fin de chaque vers, il concourt à en faire sentir l'harmonie.

> Celui qui met un *frein* à la fureur des *flots*
> Sait aussi des *méchants* arrêter les *complots*.
>
> (*Athalie*.)

> Oui, je viens dans son *temple* adorer l'*Éternel* ;
> Je viens, suivant l'*usage* antique et *solennel*,
> Célébrer avec *vous* la fameuse *journée*
> Où sur le mont *Sina* la loi nous fut *donnée*.
>
> (*Athalie*.)

> Certain *enfant* qui sentait le *collége*,
> Doublement *sot* et doublement *fripon*
> Par le jeune *âge* et par le *privilége*
> Qu'ont les *pédants* de gâter la *raison*,
> Chez un voisin dérobait, *ce dit-on,*
>   Et fleurs et *fruits.*
>
>   (LA FONTAINE, IX, v.)

Comme on le voit, après les mots en *italiques* on appuie un peu afin de marquer la césure et la fin du vers. Dans les vers qui ne sont ni de douze ni de dix syllabes, l'appui n'a lieu qu'au dernier mot de chaque vers, à moins qu'il nuise à l'enchaînement des idées.

> Le Nil a vu sur ses *rivages*
> Les noirs habitants des *déserts*
> Insulter par leurs cris sauvages
> L'astre éclatant de l'*univers.*
> Cris impuissants, fureurs *bizarres!*
> Tandis que ces monstres barbares
> Poussaient d'impuissantes *clameurs,*
> Le dieu, poursuivant sa *carrière,*
> Versait des torrents de lumière
> Sur ses obscurs *blasphémateurs.*
>
>   (LEFRANC DE POMPIGNAN.)

Toutefois, quand l'enchaînement des idées est tel que la fin du vers précédent se lie intimement avec le premier mot du vers suivant, il faut éviter tout appui sensible, comme dans :

> Insulter par leurs cris sauvages
> L'astre éclatant de l'*univers.*

Et moins encore dans :

> Versait des torrents de lumière
> Sur ses obscurs *blasphémateurs.*

Dans la prose, l'appui a lieu pareillement, mais seulement sur les mots qui doivent faire image et sur lesquels on veut appeler l'attention. Donnons-en un exemple emprunté à Bossuet dans l'*Oraison funèbre de la duchesse d'Orléans*, prononcée à Saint-Denis le 21 août 1670, et où il dit, en jetant les yeux sur le cercueil qui renfermait le corps de cette princesse :

« *La voilà,* malgré son grand *cœur,* cette princesse si admirée et si *chérie!* La *voilà* telle que la mort nous l'a *faite ;* encore ce reste tel quel va-t-il disparaître ; cette ombre de gloire va s'*évanouir,* et nous l'allons voir dépouillée même de cette *triste décoration.* Elle **va** *descendre* à ces sombres lieux, à ces demeures souterraines, pour **y** dormir dans la poussière avec les grands *de la terre,* comme parle Job ; avec *ces rois* et ces princes *anéantis,* parmi lesquels à peine peut-on *la placer,* tant les rangs y sont *pressés,* tant la mort est prompte à remplir *ces places.* Mais ici notre imagination nous abuse *encore.* La mort ne nous laisse pas assez de *corps* pour y occuper quelque *place,* et on ne voit *là* que des tombeaux qui fassent quelque *figure.* Notre *chair* change bientôt de *nature ;* notre *corps* prend un autre nom ; mais celui de *cadavre,* dit Tertullien, parce qu'il nous montre encore quelque forme *humaine,* ne lui demeure pas *long-temps ;* il devient un je ne sais *quoi,* qui n'a plus de nom dans aucune *langue,* tant il est vrai que tout meurt *en lui,* jusqu'à ces termes funèbres par lesquels on exprimait ses malheureux restes. »

Avant de passer aux applications variées des principes dont nous venons de poser les bases essentielles, nous allons nous occuper des *liaisons* qu'il faut observer dans la lecture et de celles qu'on doit éviter avec soin.

Il n'y a qu'une seule sorte de liaison possible, c'est celle qui a lieu entre la consonne finale d'un mot et la voyelle initiale du mot suivant. Cependant cette liaison s'observe rarement, ainsi :

B ne se lie jamais avec la voyelle initiale du mot qui suit, Ex.: Le plom*b* est un métal ductile, on ne dirait pas : Le *plom-best* un métal ductile

C ne se lie pas avec la voyelle initiale du mot suivant, Ex.: Tabac à fumer, estomac à jeun, etc. On ne dirait pas : *Ta-ba-ca fumer, estoma-ca jeun.* Excepté dans les adjectifs *blanc* et *franc* : *Du blanc au noir, un franc étourdi*, qu'on prononce *du blan-cau noir, un fran quètourdi*.

D se lie avec la voyelle initiale du mot suivant, dans pie*d* en cap, pied-*à*-terre, un gran*d* homme, en donnant le son du *t* au *d*, et en général lorsque l'adjectif est suivi d'un mot commençant par une voyelle ou un *h* muet; mais il ne se lie pas dans : *Pied-à-pied, pied étroit.*

F ne se lie pas avec la voyelle initiale du mot suivant, Ex.: Une ne*f* étroite, un che*f* audacieux; mais il se lie peut-être dans : *Un chef intrépide, un motif important.* Dans neu*f* heures, neu*f* hommes, et toutes les fois qu'il est suivi d'un mot commençant par une voyelle ou un *h* muet, le *f* se prononce *ve.*

G se lie avec la voyelle initiale du mot suivant et prend quelquefois le son *k*, Ex.: Un jou*g* odieux, etc. San*g* inhumain, qui se prononce *san-kinumain*. Excepté le mot *étang* où le *g* ne souffre pas de liaisons.

L ne se lie pas au mot suivant, Ex.: Un anima*l* à longs poils, un aute*l* en marbre, du fi*l* à coudre, un fo*l* amour, nu*l* enfant, etc., où *l* se fait entendre.

M et N ne se lient pas avec la voyelle initiale du mot suivant, Ex.: Ada*m* et Ève, une fai*m* extraordinaire, un no*m* étrange, un parfu*m* à la rose; ni quand le *n* est précédé de *a* pour former le son *an*, Ex.: Un cadra*n* à longues aiguilles; ou d'un *i*, comme : Un long chemi*n* à faire; ni même d'un *o*, Ex.: Bonbo*n* amer, chardo*n* à foulon, un jalo*n* à planter, etc. Excepté dans : Bo*n* ami, mo*n* ami, so*n* ami, to*n* ami, qu'on prononce *bon-nami, mon-nami, son-nami, ton-nami.*

P ne se lie pas à la voyelle initiale du mot suivant, Ex.: Un cam*p* immense, un dra*p* écarlate, etc. Excepté dans : Beaucou*p*, cou*p* et tro*p* : il a beaucou*p* à faire, un cou*p* inattendu, et peut-être dans un cou*p* extraordinaire, il en a tro*p* à dire, qu'on prononce : *Il a beaucou-pa faire, un cou pinattendu, un cou pextraordinaire, il en a tro pa dire.*

Q ne se lie à la voyelle initiale du mot suivant que dans cin*q* années, cin*q* hommes.

R se lie presque toujours avec la voyelle initiale du mot qui suit, Ex.: Aimer *à* jouer, ver *à* soie. Excepté dans *monsieur.*

S, T, TH, X et Z se lient toujours avec la voyelle initiale du mot qui suit, excepté en prose et principalement dans la conversation, où l'on s'abstient quelquefois de les faire sentir afin d'éviter trop d'affectation et même de certaines consonnances qui blessent l'oreille, comme dans : *Il faudrait qu'il renonçât à boire*, ou bien lorsque la liaison dénature le mot, Ex.: Bon et sage. qui deviendrait *bonnet sage*. Mais en poésie il en est autrement, à peine de produire quelquefois des *hiatus* insupportables ou des *élisions* qui rendraient un vers faux. Exemples empruntés à Racine, dans *Athalie :*

> Les peuples *à* l'envi marchen*t à* la lumière.
> De notre dernier roi Josabe*th* est la sœur. —
> Et verrai*t à* ses pieds tous les rois de la terre. —
> En des jours ténébreu*x a* changé ces beaux jours. —
> De l'honneur des Hébreu*x a*utrefois si jaloux. —
> Les cieux pour lui fermés et devenus d'airain. —
> Reconnaisse*z*, Abner, à ces traits éclatants,
> Un Dieu tel aujourd'hui qu'il fut dans tous les temps.

Dans le premier vers, si vous ne liez point le *s* de *peuples à l'envi*, ni le *t* de *marchent à la lumière*, vous n'entendez plus que dix syllabes au lieu de douze.

Dans le second, si vous ne faites point la liaison du *th* de *Josabeth* à *est la sœur*, ainsi que dans le troisième celle du *t* de *verrait à ses pieds*, vous avez deux *hiatus*.

Dans le quatrième et le cinquième, si le *x* de *ténébreux* et d'*Hébreux* n'est point lié à ce qui suit, il y a pareillement *hiatus*. Il en serait de même dans le sixième si l'on n'unissait pas le *s* de *fermés* à *et*, ainsi que dans le septième en ne liant pas le *z* de *reconnaissez* à *Abner*.

Les principes que nous venons de poser seraient insuffisants si nous ne les appliquions pas à des passages pris dans tous les genres de notre belle littérature, et c'est ce que nous allons tâcher de faire maintenant.

Personne n'ignore que chaque genre exige une intonation

différente ; qu'il ne serait pas convenable de lire une fable comme une épître, une élégie ou un fragment de poème épique, où la diction doit se rapprocher de la comédie et quelquefois de la tragédie, mais avec moins d'éclat ; que l'histoire ne demande pas les mouvements accentués d'une oraison, d'un plaidoyer ou d'un discours destiné à être prononcé à la tribune. Il importe donc que nos applications soient telles qu'on sente bien ces différences, afin d'éviter tout contre-sens.

N'oublions pas, surtout, qu'il ne s'agit ici que de lecture et non de déclamation, que toute personne qui lit haut doit se proposer moins de briller que d'instruire et d'intéresser son auditoire. Aussi, autant que possible, point de ces gestes, point de ces jeux de physionomie qui rappellent le comédien ou l'orateur ; que la voix seule, accentuée selon la nature du sujet, exprime sans effort, et sans intonation trop éclatante, même les mouvements de l'âme les plus violents... Toutes ces qualités que nous exigeons pour bien lire, on peut avec de la volonté les acquérir, et nous espérons qu'on s'en convaincra après avoir étudié les exercices qui vont suivre.

Nous commencerons par la lecture des vers, non-seulement parce qu'ils se prêtent mieux à la démonstration, mais encore parce qu'ils forment le goût et l'oreille. Nous diviserons nos exercices en deux sections : dans la première nous nous occuperons de la lecture des vers, dans la seconde de celle de la prose.

REMARQUE IMPORTANTE.

Dans les exemples qui vont suivre, nous faisons usage de trois signes : le filet simple ——, le double filet ═══ et le triple filet ═══ placés sous les mots.

Le premier indique que l'accentuation est faible, le deuxième qu'elle est plus forte, et le troisième qu'elle est très-accusée.

' POÉSIE

I. — DE LA FABLE

La fable est un petit poème dramatique dans lequel il y a des interlocuteurs et où même l'auteur intervient; il faut donc nuancer le ton pour faire sentir quel personnage a la parole. Donnons pour exemple une fable de La Fontaine, *le Chêne et le Roseau :*

Ici, trois interlocuteurs : le Poète, le Chêne et le Roseau.

> Le Chêne un jour dit au Roseau :

C'est le Poète qui parle, il énonce seulement un fait qu'il va raconter, c'est donc avec simplicité qu'il faut lire ce vers, sans en exclure une certaine intention de la morale qui va suivre et sur laquelle il compte pour instruire les hommes.

> Vous avez bien sujet d'accuser la nature.

La scène commence, et c'est le Chêne, l'être fort, qui adresse la parole à un être faible et dont il a pitié. Aussi le ton doit-il être celui de la commisération. Le Chêne continue :

> Un roitelet pour vous est un pesant fardeau.
>> Le moindre vent qui d'aventure
>> Fait rider la face de l'eau,
>> Vous oblige à baisser la tête :

Après *roitelet* l'accentuation va en s'affaiblissant jusqu'à *vous oblige à baisser la tête ;* marque évidente de la pitié que lui inspire la frêle plante, pitié qui lui permet, en se comparant au Roseau, d'élever la voix :

> Cependant que mon front, au Caucase pareil.

{0}

> Non content d'arrêter les rayons du soleil,
> Brave l'effort de la tempête.

Sa vanité satisfaite, il prononce le vers suivant avec quelque compassion, en appuyant sur *Aquilon* et un peu moins sur *Zéphir.*

> Tout vous est Aquilon, tout me semble Zéphir.

Puis il reprend d'un ton de commisération :

> Encor si vous naissiez à l'abri du feuillage
> Dont je couvre le voisinage,
> Vous n'auriez pas tant à souffrir,

Et avec une accentuation de protecteur :

> Je vous défendrais de l'orage.

Ajoutant l'indifférence hautaine, en appuyant sur *mais :*

> Mais vous naissez le plus souvent
> Sur les humides bords des royaumes du Vent.

D'un ton compatissant :

> La nature envers vous me semble bien injuste.

Le Roseau répond humblement :

> Votre compassion, lui répondit l'arbuste,
> Part d'un bon naturel.

Puis reprenant avec un peu plus d'assurance :

> Mais quittez ce souci :

Et avec conviction :

> Les vents me sont moins qu'à vous redoutables !
> Je plie et ne romps pas.

En s'enhardissant :

> Vous avez jusqu'ici

Contre leurs coups épouvantables
Résisté sans courber le dos :

Avec l'accent de la certitude :

Mais attendons la fin. —

Le Poète entre de nouveau en scène, et raconte l'événement en élevant par degrés la voix, et en accentuant les mots *furie, terrible* et *flancs :*

Comme il disait ces mots,
Du bout de l'horizon accourt avec furie
Le plus terrible des enfants
Que le Nord eût portés jusque-là dans ses flancs.

En traînant un peu sur :

L'arbre tient bon,

Et prononçant assez rapidement :

Le Roseau plie :

Avec fermeté, en appuyant sur le dernier mot :

Le vent redouble ses efforts,

Simplement :

Et fait si bien qu'il déracine
Celui de qui la tête au ciel était voisine,
Et dont les pieds touchaient à l'empire des morts.

En accentuant *celui* et *ciel*, et élevant la voix sur le dernier mot.

II. — DE LA COMÉDIE EN VERS

La comédie, comme la fable, est un dialogue, mais où les interlocuteurs sont toujours des êtres humains au milieu desquels le poète n'a point de place; le lecteur n'a donc pas à s'inquiéter de celui-ci, mais sa voix, mieux encore que dans la fable, doit se moduler sur le sexe, l'âge, le caractère et les habitudes des personnages, et cela sans affectation, car lui-même peut être d'un certain âge et il serait ridicule qu'il affectât le ton mielleux d'une jeune coquette ou d'une ingénue. Le jeune homme, l'homme mûr, le vieillard ne s'expriment pas du même ton; mais il faut que ces différences soient légèrement accusées et qu'il s'abstienne surtout des allures d'un acteur. Prenons pour exemple dans Molière la scène V du deuxième acte du *Misanthrope :*

ÉLIANTE, PHILINTE, ACASTE, CLITANDRE, ALCESTE, CÉLIMÈNE et BASQUE.

ÉLIANTE.

Entrant, à Célimène d'un ton naturel :

> Voici les deux marquis qui montent avec nous;
> Vous l'est-on venu dire?

CÉLIMÈNE.

De même :

> Oui.

A Basque :

> Des siéges pour tous.

A Alceste, avec une ironie féminine :

> Vous n'êtes pas sorti?

ALCESTE.

Avec une brusquerie de bon ton :

> Non ;

Puis, appuyant sur chaque mot :

> Mais, je veux, madame,
> Ou pour eux, ou pour moi, faire expliquer votre âme.

CÉLIMÈNE.

Bas, et avec reproche :

Taisez-vous...

ALCESTE.

Aujourd'hui, vous vous expliquerez.

CÉLIMÈNE.

Avec impatience :

Vous perdez le sens.

ALCESTE.

Point... Vous vous déclarerez.

CÉLIMÈNE.

Piquée :

Ah !

ALCESTE.

Avec résolution :

Vous prendrez parti.

CÉLIMÈNE.

Blessée :

Vous vous moquez, je pense.

ALCESTE.

Affirmativement :

Non.

Résolûment :

Mais vous choisirez :

Impatienté :

C'est trop de patience.

10.

Célimène va s'asseoir; Alceste se tient à distance. On fait cercle autour de Célimène :

CLITANDRE.

A Célimène, d'un ton léger et souriant :

Parbleu! je viens du Louvre, où Cléonte, au levé,
Madame, a bien paru ridicule achevé.

Un peu mordant :

N'a-t-il point quelque ami qui pût, sur ses manières,
D'un charitable avis lui prêter les lumières?

CÉLIMÈNE.

Avec légèreté et malicieusement :

Dans le monde, à vrai dire, il se barbouille fort;
Partout il porte un air qui saute aux yeux d'abord;
Et lorsqu'on le revoit après un peu d'absence,
On le retrouve encor plus plein d'extravagance.

ACASTE.

Avec assurance :

Parbleu! s'il faut parler des gens extravagants,
Je viens d'en essuyer un des plus fatigants;
Damon, le raisonneur, qui m'a, ne vous déplaise,
Une heure, au grand soleil, tenu hors de ma chaise.

CÉLIMÈNE.

Avec une indifférence un peu mordante :

C'est un parleur étrange, et qui trouve toujours
L'art de ne vous rien dire avec de grands discours :
Dans les propos qu'il tient, on ne voit jamais goutte,
Et ce n'est que du bruit que tout ce qu'on écoute.

ÉLIANTE.

A Philinte, d'un ton naturel :

Ce début n'est pas mal; et contre le prochain

La conversation prend un assez bon train.

CLITANDRE.

Avec ironie :

Timante, encor, madame, est un bon caractère.

CÉLIMÈNE.

Malicieusement et d'une voix naturelle :

C'est, de la tête aux pieds, un homme tout mystère.
Qui vous jette en passant un coup d'œil égaré,
Et, sans aucune affaire, est toujours affairé.
Tout ce qu'il vous débite en grimaces abonde ;
A force de façons, il assomme le monde ;
Sans cesse il a tout bas, pour rompre l'entretien,
Un secret à vous dire, et ce secret n'est rien ;
De la moindre vétille il fait une merveille,

Souriant :

Et, jusques au bonjour, il dit tout à l'oreille.

ACASTE.

Interrogeant malicieusement :

Et Géralde, madame ?

CÉLIMÈNE.

Continuant :

Oh ! l'ennuyeux conteur !
Jamais on ne le voit sortir du grand seigneur.
Dans le brillant commerce il se mêle sans cesse,
Et ne cite jamais que duc, prince ou princesse.
La qualité l'entête, et tous ses entretiens
Ne sont que de chevaux, d'équipage et de chiens,
Il tutoie, en parlant, ceux du plus haut étage,
Et le nom de monsieur est chez lui hors d'usage.

CLITANDRE.

Avec une insinuation moqueuse :

On dit qu'avec Bélise il est du dernier bien.

CÉLIMÈNE.

D'un ton dédaigneux :

Le pauvre esprit de femme, et le sec entretien !
Lorsqu'elle vient me voir je souffre le martyre,
Il faut suer sans cesse à chercher que lui dire ;

Avec naturel :

Et la stérilité de son expression
Fait mourir à tous coups la conversation.
En vain, pour attaquer son stupide silence,
De tous les lieux communs vous prenez l'assistance :
Le beau temps et la pluie, et le froid et le chaud,
Sont des fonds qu'avec elle on épuise bientôt.
Cependant sa visite, assez insupportable,
Traîne en une longueur encore épouvantable ;
Et l'on demande l'heure, et l'on bâille vingt fois,

Avec plus de dédain encore :

Qu'elle s'émeut autant qu'une pièce de bois.

ACASTE.

Avec aplomb :

Que vous semble d'Adraste ?

CÉLIMÈNE.

Avec un haut dédain :

Ah ! quel orgueil extrême !
C'est un homme gonflé de l'amour de soi-même :
Son mérite jamais n'est content de la cour,
Contre elle il fait métier de pester chaque jour ;

Et l'on ne donne emploi, charge ni bénéfice,
Qu'à tout ce qu'il se croit on ne fasse injustice.

CLITANDRE.

Avec ironie et souriant :

Mais le jeune Cléon, chez qui vont aujourd'hui
Nos plus honnêtes gens, que dites-vous de lui ?

CÉLIMÈNE.

Avec malice :

Que de son cuisinier il s'est fait un mérite,
Et que c'est à sa table à qui l'on rend visite.

ÉLIANTE.

Souriant :

Il prend soin d'y servir des mets fort délicats.

CÉLIMÈNE.

D'un ton dédaigneux :

Oui ; mais je voudrais bien qu'il ne s'y servît pas :
C'est un fort méchant plat, que sa sotte personne,
Et qui gâte, à mon goût, tous les repas qu'il donne.

PHILINTE.

Naturellement :

On fait assez de cas de son oncle Damis.
Qu'en dites-vous, madame ?

CÉLIMÈNE.

Naturellement :

Il est de mes amis.

PHILINTE.

Naturellement :

Je le trouve honnête homme, et d'un air assez sage.

CÉLIMÈNE.

Avec dépit :

Oui ; mais il veut avoir trop d'esprit, dont j'enrage :
Il est guindé sans cesse ; et dans tous ses propos
On voit qu'il se travaille à dire de bons mots.
Depuis que dans la tête il s'est mis d'être habile,
Rien ne touche son goût, tant il est difficile.
Il veut voir des défauts à tout ce qu'on écrit,
Et pense que louer n'est pas d'un bel esprit,
Que c'est être savant que trouver à redire ;
Qu'il n'appartient qu'aux sots d'admirer et de rire ;
Et qu'en n'approuvant rien des ouvrages du temps,
Il se met au-dessus de tous les autres gens.
Aux conversations même il trouve à reprendre,
Ce sont propos trop bas pour y daigner descendre ;
Et, les deux bras croisés, du haut de son esprit,
Il regarde en pitié tout ce que chacun dit.

ACASTE.

Riant :

Dieu me damne ! voilà son portrait véritable.

CLITANDRE.

A Célimène, avec une haute assurance :

Pour bien peindre les gens vous êtes admirable.

ALCESTE.

Avec une indignation de bonne compagnie :

Allons, ferme ! poussez, mes bons amis de cour,
Vous n'en épargnez point, et chacun a son tour :

Avec intention :

Cependant aucun d'eux à vos yeux ne se montre,
Qu'on ne vous voie, en hâte, aller à sa rencontre,
Lui présenter la main, et d'un baiser flatteur
Appuyer les serments d'être son serviteur.

CLITANDRE.

Avec reproche :

> Pourquoi s'en prendre à nous? Si ce qu'on dit vous blesse,
> Il faut que le reproche à madame s'adresse.

ALCESTE.

Fâché :

> Non, morbleu! c'est à vous; et vos ris complaisants
> Tirent de son esprit tous ces traits médisants.
> Son humeur satirique est sans cesse nourrie
> Par le coupable encens de votre flatterie;
> Et son cœur à railler trouverait moins d'appas,
> S'il avait observé qu'on ne l'applaudît pas.

Sentencieusement :

> C'est ainsi qu'aux flatteurs on doit partout se prendre
> Des vices où l'on voit les humains se répandre.

PHILINTE.

D'un ton conciliant :

> Mais pourquoi pour ces gens un intérêt si grand,
> Vous qui condamneriez ce qu'en eux on reprend?

CÉLIMÈNE.

Piquée et aigrement :

> Et ne faut-il pas bien que monsieur contredise?
> A la commune voix veut-on qu'il se réduise,
> Et qu'il ne fasse pas éclater en tous lieux
> L'esprit contrariant qu'il a reçu des cieux?

Naturellement :

> Le sentiment d'autrui n'est jamais pour lui plaire :
> Il prend toujours en main l'opinion contraire;
> Et penserait paraître un homme du commun,
> Si l'on voyait qu'il fût de l'avis de quelqu'un.

Malicieusement :

L'honneur de contredire a pour lui tant de charmes,
Qu'il prend contre lui-même assez souvent les armes ;
Et ses vrais sentiments sont combattus par lui,
Aussitôt qu'il les voit dans la bouche d'autrui.

(Tous rient.)

ALCESTE.

D'un ton acerbe :

Les rieurs sont pour vous, madame, c'est tout dire,
Et vous pouvez pousser contre moi la satire.

PHILINTE.

Avec un reproche ménagé :

Mais il est véritable aussi que votre esprit
Se gendarme toujours contre tout ce qu'on dit ;
Et que, par un chagrin que lui-même il avoue,
Il ne saurait souffrir qu'on blâme ni qu'on loue.

ALCESTE.

Avec un peu d'emportement :

C'est que jamais, morbleu, les hommes n'ont raison :
Que le chagrin contre eux est toujours de saison ;
Et que je vois qu'ils sont, sur toutes les affaires,
Loueurs impertinents, ou censeurs téméraires.

CÉLIMÈNE.

Mais...

ALCESTE.

S'oubliant :

Non, madame ; non, quand j'en devrais mourir,
Vous avez des plaisirs que je ne puis souffrir ;
Et l'on a tort ici de nourrir dans votre âme
Ce grand attachement aux défauts qu'on y blâme.

CLITANDRE.

D'un ton négligent :

Pour moi, je ne sais pas, mais j'avoûrai tout haut
Que j'ai cru jusqu'ici madame sans défaut.

ACASTE.

D'un ton flatteur et naturel :

De grâces et d'attraits je vois qu'elle est pourvue ;
Mais les défauts qu'elle a ne frappent point ma vue.

ALCESTE.

Ne se contenant plus :

Ils frappent tous la mienne ; et, loin de m'en cacher.

Avec reproche :

Elle sait que j'ai soin de les lui reprocher.

Avec assurance :

Plus on aime quelqu'un, moins il faut qu'on le flatte ;
A ne rien pardonner le pur amour éclate ;
Et je bannirais, moi, tous ces lâches amants
Que je verrais soumis à tous mes sentiments,
Et dont, à tous propos, les molles complaisances
Donneraient de l'encens à mes extravagances.

CÉLIMÈNE.

D'un ton négligent et avec un peu d'humeur :

Enfin, s'il faut qu'à vous s'en rapportent les cœurs,
On doit, pour bien aimer, renoncer aux douceurs,
Et du parfait amour mettre l'honneur suprême
A bien injurier les personnes qu'on aime.

ÉLIANTE.

Naturellement et convaincue :

L'amour, pour l'ordinaire, est peu fait à ces lois,

11

Et l'on voit les amants vanter toujours leur choix.
Jamais leur passion n'y voit rien de blâmable,
Et dans l'objet aimé tout leur devient aimable ;
Ils comptent les défauts pour des perfections,
Et savent y donner de favorables noms :
La pâle est aux jasmins en blancheur comparable ;
La noire à faire peur, une brune adorable ;
La maigre a de la taille et de la liberté ;
La grasse est dans son port pleine de majesté ;
La malpropre sur soi, de peu d'attraits chargée,
Est mise sous le nom de beauté négligée ;
La géante paraît une déesse aux yeux ;
La naine un abrégé des merveilles des cieux ;
L'orgueilleuse a le cœur digne d'une couronne ;
La fourbe a de l'esprit ; la sotte est toute bonne ;
La trop grande parleuse est d'agréable humeur ;
Et la muette garde une honnête pudeur.

Changeant de ton :

C'est ainsi qu'un amant dont l'amour est extrême
Aime jusqu'aux défauts des personnes qu'il aime.

ALCESTE.

Avec vivacité :

Et moi, je soutiens, moi...

CÉLIMÈNE.

Se levant et impatientée :

Brisons là ce discours,
Et dans la galerie allons faire deux tours.

A Clitandre et à Acaste qui se disposent à se retirer :

Quoi ! vous vous en allez, messieurs ?

CLITANDRE et ACASTE.

Vivement, en revenant sur leurs pas :

Non pas, madame.

ALCESTE.

Bas, à Célimène et avec de l'humeur :

La peur de leur départ occupe fort votre âme.

Avec un peu de brusquerie, à Clitandre et à Acaste :

Sortez quand vous voudrez, messieurs ; mais j'avertis
Que je ne sors qu'après que vous serez sortis.

ACASTE.

D'un ton calme :

A moins de voir madame en être importunée,
Rien ne m'appelle ailleurs de toute la journée.

CLITANDRE.

Avec indifférence :

Moi, pourvu que je puisse être au petit couché,
Je n'ai point d'autre affaire où je sois attaché.

CÉLIMÈNE.

Bas, à Alceste et d'un ton conciliant :

C'est pour rire, je crois.

ALCESTE.

Résolûment :

Non, en aucune sorte :
Nous verrons si c'est moi que vous voudrez qui sorte.

III. — DE LA TRAGÉDIE

C'est ici surtout que le lecteur doit se souvenir qu'il n'est point sur un théâtre, attendu que plus il voudrait faire d'effet en se rapprochant de la diction scénique, plus il courrait le danger de tomber dans l'exagération. Aussi faut-il qu'il s'abstienne de gesticuler avec trop d'énergie, de pousser des cris éclatants, de mimer son visage avec effort, s'il ne veut fatiguer son auditoire et l'entraîner involontairement à faire une comparaison fâcheuse entre lui et le tragédien de profession.

Nous ne voulons pas dire, cependant, qu'il doive lire de manière à ne laisser apercevoir aucune différence entre la tragédie et la comédie; bien au contraire : chaque vers doit être accentué conformément aux sentiments que le poète a voulu exprimer, et nous dirons même qu'il est important que chaque mot, chaque syllabe conserve la quantité qui lui est propre, comme nous l'avons fait observer dans la scène entre Rodrigue et don Gormas (page 99); car il ne faut pas oublier que la poésie tragique se rapproche de la majesté de l'épopée, et qu'on en détruirait toute l'harmonie, toute l'élégance, si l'on était infidèle aux lois que nous avons posées précédemment. — Nous allons le prouver dans un exemple emprunté à la troisième et à la quatrième scène du cinquième acte d'*Andromaque.*

ORESTE, HERMIONE, CLÉONE.

ORESTE.

Haletant, pâle et d'une voix altérée :

> Madame, c'en est fait, et vous êtes servie :
> Pyrrhus rend à l'autel son infidèle vie.

HERMIONE.

D'un son de voix troublé :

> Il est mort !

ORESTE.

Avec affirmation :

> Il expire; et nos Grecs irrités
> Ont lavé dans son sang ses infidélités.

Ton de la narration, et cependant ému :

> Je vous l'avais promis ; et, quoique mon courage
> Se fit de ce complot une funeste image,

Plus rapidement :

> J'ai couru vers le temple, où nos Grecs dispersés
> Se sont jusqu'à l'autel dans la foule glissés.

Changeant de ton :

> Pyrrhus m'a reconnu, mais sans changer de face :
> Il semblait que ma vue excitât son audace ;
> Que tous les Grecs, bravés en leur ambassadeur,
> Dussent de son hymen relever la splendeur.
> Enfin, avec transport prenant son diadème,
> Sur le front d'Andromaque il l'a posé lui-même :

D'un ton solennel :

> « Je vous donne, a-t-il dit, ma couronne et ma foi :
> « Andromaque, régnez sur l'Épire et sur moi.
> « Je voue à votre fils une amitié de père ;
> « J'en atteste les dieux, je le jure à sa mère :
> « Pour tous mes ennemis je déclare les siens,
> « Et je le reconnais pour le roi des Troyens. »

Narration énergique :

> A ces mots, qui du peuple attiraient le suffrage,
> Nos Grecs n'ont répondu que par un cri de rage ;
> L'infidèle s'est vu partout envelopper,
> Et je n'ai pu trouver place pour le frapper :
> Chacun se disputait la gloire de l'abattre.
> Je l'ai vu dans leurs mains quelque temps se débattre,
> Tout sanglant à leurs coups vouloir se dérober,
> Mais enfin à l'autel il est allé tomber.

Plus rapidement :

> Du peuple épouvanté j'ai traversé la presse
> Pour venir de ces lieux enlever ma princesse,

11,

Et regagner le port, où bientôt nos amis
Viendront couverts du sang que je vous ai promis.

ITERMIONE.

D'un ton de voix accablé :

Qu'ont-ils fait !

ORESTE.

Avec chaleur et raisonné :

Pardonnez à leur impatience :
Ils ont, je le vois bien, trahi votre vengeance ;
Vous vouliez que ma main portât les premiers coups ;
Qu'il sentît en mourant qu'il expirait pour vous.

D'un ton résolu et avec un peu d'exaltation :

Mais c'est moi dont l'ardeur leur a servi d'exemple :
Je les ai pour vous seule entraînés dans le temple,
Madame, et vous pouvez justement vous flatter
D'une mort que leurs bras n'ont fait qu'exécuter.
Vous seule avez poussé les coups...

ITERMIONE.

Avec autorité et violence :

Tais-toi, perfide !
Et n'impute qu'à toi ton lâche parricide.

Avec un haut dédain :

Va faire chez tes Grecs admirer ta fureur,
Va ; je la désavoue, et tu me fais horreur.

Avec une fureur croissante :

Barbare, qu'as-tu fait ! avec quelle furie
As-tu tranché le cours...

D'une voix émue :

D'une si belle vie !

Émotion continue et plus profonde :

> Avez-vous pu, cruels, l'immoler aujourd'hui
> Sans que tout votre sang se soulevât pour lui ?

A Oreste. Transition brusque et violente :

> Mais parle ; de son sort qui t'a rendu l'arbitre ?
> Pourquoi l'assassiner ? qu'a-t-il fait ? à quel titre ?

Changeant de ton et accentuant chaque mot :

> Qui te l'a dit ?

ORESTE.

Foudroyé et poussant un cri :

> O dieux ! quoi !

Baissant peu à peu le ton jusqu'au dernier mot. Accablement profond :

> Ne m'avez-vous pas,
> Vous-même, ici, tantôt, ordonné son trépas ?

C'est ainsi que Talma prononçait ces vers. Le Kain, au dire de ses contemporains, procédait à l'inverse. Sa voix, d'abord presque éteinte, s'élevait peu à peu jusqu'à prononcer le mot *trépas* avec un grand éclat de voix... Qui de ces deux grands artistes était le plus voisin de la vérité ? Sans hésitation nous dirons que c'est Talma. En effet, le premier mouvement d'Oreste doit être l'indignation après les paroles d'Hermione, puis tout à coup la lumière se fait dans son esprit, et en présence du crime qu'il vient de commettre, il tombe par degré dans un sombre abattement. Au surplus, l'un et l'autre produisaient dans l'âme des spectateurs une émotion profonde en accentuant si différemment ce passage. Toutefois, nous le répétons, nous donnons la préférence à Talma... Continuons la scène.

HERMIONE.

Avec un ton de reproche amer :

> Ah ! fallait-il en croire une amante insensée ?

Ne devais-tu pas lire au fond de ma pensée?
Et ne voyais-tu pas, dans mes emportements,

Avec une sensibilité emportée :

Que mon cœur démentait ma bouche à tous moments ?

Changeant de ton, et avec un accent de reproche acerbe et toujours croissant :

Quand je l'aurais voulu, fallait-il y souscrire?
N'as-tu pas dû cent fois te le faire redire?
Toi-même avant le coup me venir consulter?
Y revenir encore, ou plutôt m'éviter?
Que ne me laissais-tu le soin de ma vengeance?

Changeant de ton et l'interpellant vivement :

Qui t'amène en des lieux où l'on fuit ta présence?
Voilà de ton amour le détestable fruit :

Avec une accentuation douloureuse :

Tu m'apportais, cruel, le malheur qui te suit.
C'est toi dont l'ambassade, à tous les deux fatale,
L'a fait pour son malheur pencher vers ma rivale.

Avec attendrissement :

Nous le verrions encor nous partager ses soins :
Il m'aimerait peut-être ; il le feindrait du moins.

D'un ton fortement résolu :

Adieu. Tu peux partir. Je demeure en Épire ;
Je renonce à la Grèce, à Sparte, à son empire,
A toute ma famille ; et c'est assez pour moi,
Traître, qu'elle ait produit un monstre tel que toi.

Elle sort.

SCÈNE IV (1).

ORESTE.

Dans l'accablement et s'interrogeant :

> Que vois-je? est-ce Hermione? Et que viens-je d'entendre?
> Pour qui coule le sang que je viens de répandre?
> Je suis, si je l'en crois, un traître, un assassin.
> Est-ce Pyrrhus qui meurt? et suis-je Oreste enfin?
> Quoi! j'étouffe en mon cœur la raison qui m'éclaire;
> J'assassine à regret un roi que je révère;
> Je viole en un jour les droits des souverains,
> Ceux des ambassadeurs, et tous ceux des humains,
> Ceux même des autels où ma fureur l'assiége;
> Je deviens parricide, assassin, sacrilége;

Avec force :

> Pour qui?

Changeant de ton et toujours dans l'accablement :

> Pour une ingrate à qui je le promets,
> Qui même, s'il ne meurt, ne me verra jamais,
> Dont j'épouse la rage : et quand je l'ai servie,
> Elle me redemande et son sang et sa vie!

Accentuant avec énergie :

> Elle l'aime! et je suis un monstre furieux!
> Je la vois pour jamais s'éloigner de mes yeux!
> Et l'ingrate en fuyant me laisse pour salaire
> Tous les noms odieux que j'ai pris pour lui plaire!

---

(1) Cette scène est une de celles où le lecteur doit s'observer avec le plus de soin, afin d'éviter de la dire avec le ton déclamatoire indispensable au théâtre.

IV. — DE L'IDYLLE, DE L'ÉLÉGIE

L'idylle et l'élégie doivent être lues avec une accentuation plus modeste que la comédie et surtout que la tragédie. Comme elles expriment des sentiments tendres ou douloureux, il faut que la voix s'accorde avec la grâce de la première et la tristesse de la seconde.

Boileau, dans son *Art poétique*, a très-bien caractérisé ces deux genres de poésie en disant de l'idylle :

> Telle qu'une bergère, au plus beau jour de fête,
> De superbes rubis ne charge point sa tête,
> Et sans mêler à l'or l'éclat des diamants,
> Cueille en un champ voisin ses plus beaux ornements,
> Telle, aimable en son air, mais humble dans son style,
> Doit éclater sans pompe une élégante idylle.

Et de l'élégie :

> D'un ton un peu plus haut, mais pourtant sans audace,
> La plaintive élégie, en longs habits de deuil,
> Sait, les cheveux épars, gémir sur un cercueil.

Pour guider le lecteur dans l'accentuation qu'il doit observer dans ces deux genres de poésie, choisissons *le Jeune Malade*, par ANDRÉ CHÉNIER, où se trouve le ton de l'élégie et de l'idylle tout à la fois.

Une mère, au chevet du lit de son fils qui se meurt d'un mal inconnu, invoque d'une voix plaintive Apollon pour qu'il vienne au secours de son enfant chéri.

> Apollon, dieu sauveur, dieu des savants mystères,
> Dieu de la vie, et dieu des plantes salutaires,
> Dieu vainqueur de Python, dieu jeune et triomphant,
> Prends pitié de mon fils, de mon unique enfant !
> Prends pitié de sa mère aux larmes condamnée,
> Qui ne vit que pour lui, qui meurt abandonnée.

Avec une profonde sensibilité :

> Qui n'a pas dû rester pour voir mourir son fils.
> Dieu jeune, viens aider sa jeunesse. — Assoupis,
> Assoupis dans son sein cette fièvre brûlante
> Qui dévore la fleur de sa vie innocente. —

Avec âme et d'un ton pénétré :

> Apollon, si jamais, échappé du tombeau,
> Il retourne au Ménale (1) avoir soin du troupeau ;

Avec effusion :

> Ces mains, ces vieilles mains orneront ta statue
> De ma coupe d'onyx (2) à tes pieds suspendue ;
> Et, chaque été nouveau, d'un taureau mugissant
> La hache à ton autel fera couler le sang.

Tendrement à son fils et avec un doux reproche :

> Eh bien ! mon fils, es-tu toujours impitoyable ? —
> Ton funeste silence est-il inexorable ? —
> Enfant, — tu veux mourir ? — Tu veux, dans ses vieux ans,
> Laisser ta mère seule avec ses cheveux blancs ? —
> Tu veux que ce soit moi qui ferme ta paupière ? —
> Que j'unisse ta cendre à celle de ton père ? —

Avec plus de sensibilité encore :

> C'est toi qui me devais ces soins religieux, —
> Et ma tombe attendait tes pleurs et tes adieux. —
> Parle, parle, mon fils, — quel chagrin te consume ? —

D'un ton de voix pénétré :

> Les maux qu'on dissimule en ont plus d'amertume. —

Avec une tendresse craintive :

> Ne lèveras-tu point ces yeux appesantis ?

---

(1) Montagne d'Arcadie.
(2) Pierre précieuse, variété de calcédoine, agate.

Son fils lui répond avec découragement :

>   Ma mère, adieu ; — je meurs, et tu n'as plus de fils.

Résolûment :

>   Non ; tu n'as plus de fils...

Tendrement :

>   Ma mère bien-aimée. —
>   Je te perds...

Avec conviction :

>   Une plaie ardente, envenimée,
>   Me ronge... Avec effort je respire ; et je crois

Découragé :

>   Chaque fois respirer pour la dernière fois...

Résolûment :

>   Je ne parlerai pas... — Adieu ; —

Avec impatience et dépit :

>   Ce lit me blesse ; —
>   Ce tapis qui me couvre accable ma faiblesse, —
>   Tout me pèse, et me lasse...

D'une voix faible :

>   Aide-moi, — je me meurs.
>   Tourne-moi sur le flanc...

Baissant la voix :

>   Ah ! j'expire !

Poussant un léger cri :

>   O douleurs !

La mère à son fils, d'une voix suppliante :

Tiens, mon unique enfant, mon fils, — prends ce breuvage,
Sa chaleur te rendra ta force et ton courage. —

Avec conviction :

La mauve, le dictame (1) ont, avec les pavots,
Mêlé leurs sucs puissants qui donnent le repos :

D'un ton simple :

Sur le vase bouillant, attendrie à mes larmes,
Une Thessalienne a composé des charmes...
Ton corps débile a vu trois retours du soleil
Sans connaître Cérès (2), ni tes yeux le sommeil.

Avec insistance :

Prends, mon fils, laisse-toi fléchir à ma prière ;

Tendrement :

C'est ta mère, ta vieille, inconsolable mère
Qui pleure ; qui jadis te guidait pas à pas,
T'asseyait sur son sein, — te portait dans ses bras :

Avec reproche :

Que tu disais aimer, — qui t'apprit à le dire.
Qui chantait.

Avec abandon :

Et souvent te forçait à sourire
Lorsque tes jeunes dents, par de vives douleurs,
De tes yeux enfantins faisaient couler des pleurs.

Avec prière et tendresse :

Tiens, presse de ta lèvre, hélas ! pâle et glacée,

---

(1) Vénus alla cueillir le dictame pour panser la blessure d'É é.
(2) Sans prendre de nourriture.

12

Par qui cette mamelle était jadis pressée,
Un suc qui te nourrisse et vienne à ton secours
Comme autrefois mon lait nourrit tes premiers jours.

Le jeune homme, touché de la tendresse de sa mère, s'abandonne à ses souvenirs avec l'enthousiasme que lui permet son état:

O coteaux d'Érymanthe! — ô vallons! ô bocage! —
O vent sonore et frais qui troublais le feuillage!
Et faisais frémir l'onde, — et sur leur jeune sein
Agitais les replis de leur robe de lin!
De légères beautés, troupe agile et dansante...

Avec abandon :

Tu sais, tu sais, ma mère? — Aux bords de l'Érymanthe,
Là ni loups ravisseurs, ni serpents, ni poisons.

Continuant sur le même ton qu'en commençant :

O visage divin! — ô fêtes! — ô chansons!...
Des pas entrelacés, — des fleurs, — une onde pure,

Avec ravissement :

Aucun lieu n'est si beau dans toute la nature. —

Comme au commencement :

Dieux! ces bras et ces fleurs, — ces cheveux, — ces pieds nus,
Si blancs, — si délicats!

Attendri et découragé :

Je ne les verrai plus.

Avec enivrement et comme halluciné :

Oh! portez, portez-moi sur les bords d'Érymanthe,
Que je la voie encor cette vierge charmante!...
Oh! que je voie au loin la fumée à longs flots
S'élever de ce toit au bord de cet enclos...

Assise à tes côtés, — ses discours, — sa tendresse, —
Sa voix, trop heureux père, enchante ta vieillesse.

Avec abandon, puis avec une douce sensibilité :

Dieux ! — par dessus la haie élevée en remparts,
Je la vois à pas lents, en longs cheveux épars,
Seule, et sur un tombeau, — pensive, — inanimée,
S'arrêter et pleurer sa mère bien-aimée. —

Pensif et souriant d'amour :

O que tes yeux sont doux !

Avec exaltation :

Que ton visage est beau !...

Changeant de ton et semblant voir celle qu'il aime :

Viendras-tu point aussi pleurer sur mon tombeau ?
Viendras-tu point aussi, la plus belle des belles,
Dire sur mon tombeau : — Les Parques sont cruelles !...

A cet aveu, la mère reprend vivement d'une voix émue :

Ah ! mon fils, c'est l'amour ! c'est l'amour insensé
Qui t'a, jusqu'à ce point, cruellement blessé ?

Avec douleur :

Ah ! mon malheureux fils ! — Oui, faibles que nous sommes,
C'est toujours cet amour qui tourmente les hommes...

D'un ton convaincu :

S'ils pleurent en secret, — qui lira dans leur cœur
Verra que cet amour est toujours leur vainqueur...

D'un ton empressé :

Mais, mon fils, mais dis-moi, quelle nymphe charmante,
Quelle vierge as-tu vue au bord de l'Érymanthe ? —

Avec persuasion :

> N'es-tu pas riche et beau?...

Avec regret :

> Du moins quand la douleur
> N'avait point de tes jours éteint la jeune fleur.

Avec insistance et interrogeant :

> Parle. — Est-ce cette Églé, fille du roi des ondes?
> Ou cette jeune Irène aux longues tresses blondes? —

Hésitant et craintive :

> Ou ne sera-ce point cette fière beauté
> Dont j'entends le beau nom chaque jour répété;
> Dont j'apprends que partout les belles sont jalouses?
> Qu'aux temples, aux festins, les mères, les épouses,
> Ne sauraient voir, dit-on, sans peine, sans effroi?
> Cette belle Daphné? —

D'une voix tremblante son fils l'interrompt :

> Dieux! — ma mère, tais-toi.
> Tais-toi. —

Accablé :

> Dieux! qu'as-tu dit?

Avec amertume :

> Elle est fière, inflexible;
> Comme les immortels elle est belle et terrible!
> Mille amants l'ont aimée;

Découragé :

> Ils l'ont aimée en vain. —
> Comme eux j'aurais trouvé quelque refus hautain.

Avec prière :

> Non, — garde que jamais elle soit informée...

Avec désespoir :

> Mais, ô mort ! ô tourments !...

Attendri :

> O mère bien-aimée !
> Tu vois dans quels ennuis dépérissent mes jours.

Confidentiellement :

> Écoute ma prière et viens à mon secours ;
> Je meurs ; — va la trouver :

Avec un ton énumératif et appuyant sur chaque mot :

> Que tes traits, que ton âge
> De sa mère, à ses yeux, offrent la sainte image... —
> Tiens, prends cette corbeille et nos fruits les plus beaux ; —
> Prends notre Amour d'ivoire, honneur de ces hameaux ; —
> Prends ta coupe d'onyx, à Corinthe ravie ; —
> Prends mes jeunes chevreaux.

Passionné :

> Prends mon cœur, prends ma vie,

Avec exaltation :

> Jette tout à ses pieds ;

D'un ton chaleureux et énumératif :

> Apprends-lui qui je suis. —
> Dis-lui que je me meurs, — que tu n'as plus de fils.
> Tombe aux pieds du vieillard, — gémis, implore, presse,
> Adjure cieux et mers, — dieux, — temple, — autel, — déesse ;
> Pars ;

Changeant de ton et comme épuisé :

> Et si tu reviens sans les avoir fléchis,
> Adieu, ma mère, — adieu... Tu n'auras plus de fils.

12.

La mère d'un ton inspiré :

> J'aurai toujours un fils ; —

Avec certitude :

>   Va, la belle espérance
> Me dit... —

Ton narratif et naturel, c'est le poète qui parle :

>   Elle s'incline, et dans un doux silence,
> Elle couvre ce front, terni par les douleurs,
> De baisers maternels entremêlés de pleurs. —
> Puis elle sort en hâte, inquiète et tremblante,
> Sa démarche de crainte et d'âge chancelante. —
> Elle arrive ; — et bientôt revenant sur ses pas,
> Haletante, — de loin : —

La mère avec un cri de joie :

>   Mon cher fils, tu vivras,
> Tu vivras... —

Ton narratif comme précédemment, le poète continue :

>   Elle vient s'asseoir près de la couche : —
> Le vieillard la suivait, le sourire à la bouche, —
> La jeune belle aussi, — rouge et le front baissé,
> Vient, jette sur le lit un coup d'œil. — L'insensé
> Tremble. — Sous ses tissus il veut cacher sa tête.

La jeune fille avec une simplicité touchante et un doux reproche :

> Ami, depuis trois jours tu n'es d'aucune fête,
> Dit-elle ; — que fais-tu ? pourquoi veux-tu mourir ? —

Avec intérêt et sensibilité :

> Tu souffres... L'on me dit que je peux te guérir :
> Vis, et formons ensemble une seule famille. —
> Que mon père ait un fils, et ta mère une fille.

V. — DE LA SATIRE ET DE L'ÉPIGRAMME

Chez les Romains, Lucile, Horace, Perse et Juvénal, chez nous Boileau, et surtout Gilbert, ont cultivé ce genre de poésie qui a pour objet de faire la censure des vices et des défauts de la société, et quelquefois aussi d'exercer des justices trop sévères et des vengeances personnelles.

> C'est un méchant métier que celui de médire,

a dit Boileau, et qui vous entraîne souvent au delà de toutes les convenances.

> Juvénal, élevé dans les cris de l'école,
> Poussa jusqu'à l'excès sa mordante hyperbole.

Cependant quand on ne dépasse point les bornes de toute convenance, la satire peut avoir son utilité, mais sans blesser trop vivement les amours-propres; car on l'a dit :

> L'amour-propre offensé ne pardonne jamais.

L'art, l'esprit, la grâce, le bon ton ne doivent point abandonner le poète dans ces sortes d'écrits, à peine de se faire des ennemis implacables.

> On peut à Despréaux pardonner la satire.
> Il joignait l'art de plaire à celui de médire :
> Le miel que cette abeille avait sucé des fleurs,
> Pouvait de sa piqûre adoucir les douleurs.
>
> (VOLTAIRE.)

Choisissons dans Gilbert quelques passages que nous allons annoter, afin d'exercer l'élève à ce genre de lecture.

Ce n'est point ici qu'il faut observer cette diction douce, pleine de sensibilité comme dans l'idylle et l'élégie; les intonations fortement accentuées et quelquefois un peu violentes de la tragédie ou le naturel qu'exige la comédie et la naïveté de la fable. Dans la satire, la malice, l'ironie doivent à tout instant apparaître pour faire ressortir le trait décoché par l'auteur contre celui qu'il attaque. Donnons-en la preuve.

Passages extraits de la *Satire du dix-huitième siècle*, adressée à Fréron par GILBERT.

Ton naturel :

— Voilà donc, cher ami, cet âge si vanté,
Ce siècle heureux des mœurs et de l'humanité !
A peine des vertus l'apparence nous reste.

Changeant de ton et avec plus d'animation :

— Mais détournant les yeux d'un tableau si funeste,
Éclairés par le goût, envisageons les arts :
Quel désordre nouveau se montre à nos regards !

Ton énumératif :

De nos pères fameux les ombres insultées,
Comme un joug importun les règles rejetées,
Les genres opposés bizarrement unis,
La nature, le vrai, de nos livres bannis,
Un désir forcené d'inventer et d'instruire,
D'ignorants écrivains, jamais las de produire;
Des brigues, des partis l'un à l'autre odieux...

Changeant de ton :

— Tantôt c'est un rimeur dont la muse étourdie,
Dans un conte, ennobli du nom de comédie,
Passe, en dépit du goût, du touchant au bouffon;
Et marie une farce avec un long sermon :

Changeant de ton :

Tantôt un possédé, dont le démon terrible
Pleure éternellement dans un drame risible...

Appuyant :

— Et j'approuve l'auteur de ces drames diserts,

Qui ne s'abaisse point jusqu'à parler en vers :
Un vers coûte à polir, et le travail nous pèse;
Mais en prose du moins on est sot à son aise...

Changeant de ton :

— O malheureux l'auteur dont la plume élégante
Se montre encor du goût sage et fidèle amante ;
Qui, rempli d'une noble et constante fierté,
Dédaigne un nom fameux par l'intrigue acheté,
Et n'ayant pour prôneurs que ses muets ouvrages,
Veut par ses talents seuls enlever les suffrages ! —

D'un ton mordant :

— La faim mit au tombeau Malfilâtre ignoré;
S'il n'eût été qu'un sot, il aurait prospéré.

Autres passages extraits de la satire intitulée *Mon Apologie*, par GILBERT.

Avec indignation :

— Peindrai-je ces Wauxhall dans Paris protégés,
Ces marchés de débauche en spectacle érigés,
Où des beautés du jour la nation galante,
Des sottises des grands à l'envi rayonnante,
Promenant ses appas par la vogue enrichis,
Vient en corps afficher des crimes à tout prix...

Changeant de ton et avec hauteur :

— Mais plus d'un grand se plaint que divulguant sa vie,
L'audace de mon vers, des lecteurs retenu,
A flétri ses amours d'un portrait reconnu :

Avec animation :

De quel droit se plaint-il? — Ce tableau trop fidèle,
L'ai-je déshonoré du nom de son modèle?
Quand de traits différents, recueillis au hasard,
Pour corriger les mœurs, je compose avec art

Un portrait fabuleux et pourtant véritable,
Si du public devin la malice équitable
S'écrie : Ah ! c'est un tel, ce marquis diffamé ;

Avec éclat :

Qu'il s'en accuse seul, ses vices l'ont nommé !

S'adressant aux auteurs :

— Appelez-moi jaloux,

D'un ton absolu :

Froid rimeur, hypocrite :
Donnez-moi tous les noms qu'un sophiste mérite ;
Je veux, de vos pareils ennemi sans retour,
Fouetter d'un vers sanglant ces grands hommes d'un jour.

Changeant de ton :

— Quoi donc ! un écrivain veut que son nom partage
Le tribut de louange offert à son ouvrage,
Et m'impute à forfait, s'il blesse la raison,
De la venger d'un vers égayé de son nom !
Comptable de l'ennui dont sa muse m'assomme
Pourquoi s'est-il nommé, s'il ne veut qu'on le nomme ?

Changeant encore de ton et avec ironie :

— Si j'évoque jamais, du fond de son journal,
Des sophistes du temps l'adulateur banal ;
Lorsque son nom suffit pour exciter le rire,
Dois-je, au lieu de La Harpe, obscurément écrire :

Plus lentement et appuyant sur chaque mot :

C'est un petit rimeur, de tant de prix enflé,
Qui sifflé pour ses vers, pour sa prose sifflé,
Tout meurtri des faux pas de sa muse tragique,
Tomba de chute en chute au trône académique.

Ici la satire va jusqu'à l'épigramme, dont Boileau a dit :

L'épigramme, plus libre en son tour plus borné,
N'est souvent qu'un bon mot de deux rimes orné.

Tel ce distique sur BAOUR-LORMIAN par LE BRUN :

Bêtise entretient la santé;
Baour s'est toujours bien porté.

VI. — DE L'ODE

L'ode était chez les anciens la plus haute expression de la poésie, et, comme dit Boileau, l'ode

Élevant jusqu'au ciel son vol audacieux
Entretient dans ses vers commerce avec les dieux.

L'ode se compose de stances en vers croisés, le plus ordinairement au nombre de dix, quand ils n'ont que huit syllabes; mais quels que soient le rhythme et le nombre de stances, il faut les lire non-seulement d'une voix soutenue et empreinte d'un certain enthousiasme, mais encore il faut que l'accentuation soit fidèle à la cadence et à l'harmonie.

Dans les stances de dix vers une accentuation un peu ferme porte sur le dernier mot du deuxième et du quatrième vers; les suivants se phrasent, et l'accentuation ne se renouvelle qu'à la fin du septième, du neuvième et du dixième vers. Exemple :

Fortune, dont la main couronne
Les forfaits les plus inouïs,
Du faux éclat qui t'environne
Serons-nous toujours éblouis?
Jusques à quand, trompeuse idole,
D'un culte honteux et frivole
Honorerons-nous tes autels?
Verra-t-on toujours tes caprices

Consacrés par des sacrifices
Et par l'hommage des mortels ?

(J.-B. Rousseau.)

Dans les stances de six vers, dont les deux premiers, le quatrième et le cinquième sont de douze syllabes, le troisième et le sixième de six ou huit syllabes, l'accentuation n'a lieu d'une manière bien marquée que sur le dernier mot du troisième et du sixième vers. Exemple :

Tel que le vieux pasteur des troupeaux de Neptune,
Protée, à qui le ciel, père de la fortune,
    Ne cache aucuns secrets,
Sous diverses figures, arbre, flamme, fontaine,
S'efforce d'échapper à la vue incertaine
    Des mortels indiscrets ;

Ou tel que d'Apollon le ministre terrible,
Impatient du dieu dont le souffle invincible
    Agite tous ses sens,
Le regard furieux, la tête échevelée,
Du temple fait mugir la demeure ébranlée
    Par ses cris impuissants ;

Tel aux premiers accès d'une sainte manie,
Mon esprit alarmé redoute du génie
    L'assaut victorieux ;
Il s'étonne, il combat l'ardeur qui le possède,
Et voudrait secouer du démon qui l'obsède
    Le joug impérieux.

(J.-B. Rousseau.)

Il en est de même lorsque le deuxième et le quatrième vers sont de huit syllabes et qu'ils sont précédés chacun d'un vers de douze syllabes.

Au banquet de la vie, infortuné convive,
    J'apparus un jour, et je meurs :

Je meurs, et sur la tombe où lentement j'arrive,
 Nul ne viendra verser des pleurs.

Salut, champs que j'aimais, et vous, douce verdure,
 Et vous riant exil des bois !
Ciel, pavillon de l'homme, admirable nature,
 Salut pour la dernière fois !

Ah ! puissent voir longtemps votre beauté sacrée
 Tant d'amis sourds à mes adieux !
Qu'ils meurent pleins de jours, que leur mort soit pleurée,
 Qu'un ami leur ferme les yeux !

      (GILBERT.)

Ces quelques exemples suffisent pour faire comprendre comment on doit lire une ode ; toute oreille un peu exercée observera fidèlement cette accentuation sans laquelle le lyrisme de ce genre de poésie s'évanouirait.

VII. — DE L'ÉPITRE

L'épître, par laquelle nous terminerons nos observations sur la lecture des vers, affecte tous les genres : tantôt badine, légère, bien souvent satirique, morale, philosophique même, elle prend tous les tons et sert comme d'intermédiaire entre la poésie et la prose, tout en donnant à la pensée plus d'élégance et de grandeur. Témoin ces beaux vers de Marie-Joseph CHÉNIER :

Vain espoir ! tout s'éteint ; les conquérants périssent :
Sur le front des héros les lauriers se flétrissent,
Des antiques cités les débris sont épars ;
Sur des remparts détruits s'élèvent des remparts :
L'un par l'autre abattus les empires s'écroulent,
Les peuples entraînés, tels que des flots qui roulent,
Disparaissent du monde ; et les peuples nouveaux
Iront presser les rangs dans l'ombre des tombeaux.

Mais la pensée humaine est l'âme tout entière :
La mort ne détruit pas ce qui n'est point matière ;
Le pouvoir absolu s'efforcerait en vain
D'anéantir l'écrit né d'un souffle divin.
Du front de Jupiter c'est Minerve élancée.
Survivant au pouvoir, l'immortelle Pensée,
Reine de tous les lieux et de tous les instants,
Traverse l'avenir sur les ailes du temps.
Brisant des potentats la couronne éphémère,
Trois mille ans ont passé sur la cendre d'Homère ;
Et depuis trois mille ans Homère respecté
Est jeune encor de gloire et d'immortalité.

DEUXIÈME SECTION

PROSE

Dans les exercices précédents nous avons essayé d'aborder la lecture à haute voix de presque tous les genres de poésie, et tout ce que nous aurions pu ajouter en exemples n'aurait fait que grossir notre livre sans le rendre plus utile. Nous avons prouvé que pour bien lire il faut non-seulement observer fidèlement les lois de la prosodie et de la quantité, mais encore accentuer les mots et varier leurs intonations selon les sentiments qu'on avait à exprimer. La lecture de la prose, bien que moins solennelle, n'exclut aucune des lois qu'exige la lecture des vers: nous dirons même qu'elle est plus difficile, puisqu'elle n'a point pour appui la rime ni la cadence toute notée des syllabes, et que les périodes étant en général plus étendues l'œil saisit avec moins de certitude l'ensemble de la pensée, ce qui devient un obstacle pour bien lire à première vue.

Une recommandation importante à faire ici, c'est d'éviter surtout de cadencer les mots comme dans les vers, à peine de produire le plus mauvais effet en donnant à la prose les allures de la poésie, qu'elle repousse impitoyablement.

Les liaisons des mots entre eux ne doivent point être observées avec la même rigueur que dans la poésie. Ici point d'hiatus à redouter, point de ces élisions qui blesseraient l'oreille en donnant au vers une apparence boiteuse. Les liaisons faites à tout propos, sans choix, sans discernement, paraîtraient de l'affectation et finiraient par fatiguer l'auditoire.

C'est surtout en lisant la prose qu'il faut être avare de gestes; la comédie et la tragédie peuvent encore les admettre, la prose les exclut presque toujours. Plus votre diction sera simple, plus, soyez-en persuadés, vous serez sûrs de plaire. Au barreau, à la tribune, dans la chaire, l'avocat, l'orateur, le prêtre, emportés par la chaleur d'un plaidoyer, d'un discours, d'un sermon, peuvent avoir recours aux gestes pour faire mieux pénétrer dans l'esprit du juge, du législateur ou des fidèles leurs convictions; mais le lecteur n'a qu'un rôle à remplir, celui de narrateur.

Nous allons annoter le chapitre VII de l'*Histoire de la grandeur et de la décadence des Romains*, puis quelques fragments du plus grand orateur de la chaire.

L'histoire étant la narration pure des faits, on doit apporter dans cette lecture le calme qui convient à la majesté du genre : une voix soutenue, légèrement accentuée, suffit seule, point de ces intonations qui auraient pour but de trop mouvementer le style de l'écrivain. Toutefois, il ne faut pas non plus que la parole soit uniforme; elle doit être variée, au contraire, selon la nature des événements et le caractère des personnages, afin de ne point détruire l'effet que l'historien s'est proposé de produire, tout en restant fidèle aux fonctions modestes d'un simple lecteur. Exemple :

« De tous les rois que les Romains attaquèrent, Mithridate seul se défendit avec courage et les mit en péril.

« La situation de ses États était admirable pour leur faire la guerre. Ils touchaient au pays inaccessible du Caucase, rempli de nations féroces dont on pouvait se servir; de là ils s'étendaient sur la mer du Pont : Mithridate la couvrait de ses vaisseaux, et allait continuellement acheter de nouvelles armées de Scythes; l'Asie était ouverte à ses invasions; il était riche, parce que les villes sur le Pont-Euxin faisaient un commerce avantageux avec des nations moins industrieuses qu'elles.

« Les proscriptions, dont la coutume commença dans ces temps-là, obligèrent plusieurs Romains de quitter leur patrie. Mithridate les reçut à bras ouverts; il forma des légions, où il les fit entrer, qui furent ses meilleures troupes.

« D'un autre côté, Rome, travaillée par les dissensions civiles, occupée de maux plus pressants, négligea les affaires de l'Asie, et laissa Mithridate suivre ses victoires ou respirer après ses défaites.

« Rien n'avait plus perdu la plupart des rois que le désir manifeste qu'ils témoignaient de la paix : ils avaient détourné par là tous les autres peuples de partager avec eux un péril dont ils voulaient tant sortir eux-mêmes. Mais Mithridate fit d'abord sentir à toute la terre qu'il était ennemi des Romains, et qu'il le serait toujours.

« Enfin les villes de Grèce et d'Asie, voyant que le joug des Romains s'appesantissait tous les jours sur elles, mirent leur confiance dans ce roi barbare, qui les appelait à la liberté.

« Cette disposition des choses produisit trois grandes guerres, qui forment un des plus beaux morceaux de l'histoire romaine : parce qu'on n'y voit pas des princes déjà vaincus par les délices et l'orgueil, comme Antiochus et Tigrane ; ou par la crainte, comme Philippe, Persée et Jugurtha ; mais un roi magnanime, qui, dans les adversités, tel qu'un lion qui regarde ses blessures, n'en était que plus indigné.

« Elles sont singulières, parce que les révolutions y sont continuelles et toujours inopinées : car, si Mithridate pouvait aisément réparer ses armées, il arrivait aussi que dans les revers, où l'on a plus besoin d'obéissance et de discipline, ses troupes barbares l'abandonnaient ; s'il avait l'art de solliciter les peuples et de faire révolter les villes, il éprouvait à son tour des perfidies de la part de ses capitaines, de ses enfants et de ses femmes ; enfin, s'il eut affaire à des généraux romains malhabiles, on envoya contre lui, en divers temps, Sylla, Lucullus et Pompée.

« Ce prince, après avoir battu les généraux romains, et fait la conquête de l'Asie, de la Macédoine et de la Grèce, ayant été vaincu à son tour par Sylla, réduit par un traité à ses anciennes limites, fatigué par les généraux romains, devenu encore une fois leur vainqueur et le conquérant de l'Asie, chassé par Lucullus et suivi dans son propre pays, fut obligé de se retirer chez Tigrane, et se voyant perdu sans ressources après sa défaite, ne comptant plus que sur lui-même, il se réfugia dans ses propres États, et s'y rétablit.

« Pompée succéda à Lucullus, et Mithridate en fut accablé : il fuit de ses États, et, passant l'Araxe, il marcha de péril en péril par

13.

le pays des Laziens; et ramassant dans son chemin ce qu'il trouva de barbares, il parut dans le Bosphore, devant son fils Maccharès, qui avait fait la paix avec les Romains.

« Dans l'abîme où il était, il forma le dessein de porter la guerre en Italie, et d'aller à Rome avec les mêmes nations qui l'asservirent quelques siècles après, et par le même chemin qu'elles tinrent.

« Trahi par Pharnace, un autre de ses fils, et par une armée effrayée de la grandeur de ses entreprises et des hasards qu'il allait chercher, il meurt en roi.

« Ce fut alors que Pompée, dans la rapidité de ses victoires, acheva le pompeux ouvrage de la grandeur de Rome. Il unit au corps de son empire des pays infinis, ce qui servit plus au spectacle de la magnificence romaine qu'à sa vraie puissance; et, quoiqu'il parût, par les écriteaux portés à son triomphe, qu'il avait augmenté le revenu du fisc de plus d'un tiers, le pouvoir n'augmenta pas, et la liberté publique n'en fut que plus exposée. »

Comme on le voit dans ce passage, il n'y a d'autres annotations à faire que celles qui sont indiquées par la ponctuation; tout est clair, net, précis, facile à comprendre sans avoir recours à un artifice de diction qui, en voulant enchérir sur la simplicité de la narration, en amoindrirait tout l'effet. Il n'en est point ainsi lorsqu'il s'agit d'un plaidoyer, d'un discours ou d'un sermon. Prouvons-le en annotant un seul exemple emprunté à la péroraison de l'oraison funèbre du grand Condé, prononcée par Bossuet en l'église Notre-Dame de Paris, le 10 mars 1687.

Après avoir raconté les hauts faits de Condé, ses victoires de Rocroi, de Lens et de Fribourg, la valeur qu'il déploya dans plus de cent combats, sa tranquillité d'âme dans la guerre, son aménité, sa grâce, sa piété dans la paix, il laisse tomber de la chaire évangélique ces nobles et sublimes paroles, en s'adressant à la foule qui remplissait le temple et en présence du catafalque qui dérobait aux yeux les restes du grand Condé.

Avec une onction profonde :

« Venez, peuple, venez maintenant ; mais venez plutôt, princes et seigneurs ; — et vous qui jugez la terre, — et vous qui ouvrez aux hommes les portes du ciel ; — et vous, plus que tous les autres, princes et princesses, nobles rejetons de tant de rois, lumières de la France, mais aujourd'hui obscurcies et couvertes de votre douleur comme d'un nuage ; venez voir le peu qui nous reste d'une si auguste naissance, — de tant de grandeur, — de tant de gloire. »

D'une voix solennelle :

« Jetez les yeux de toutes parts. »

Avec sensibilité :

« Voilà tout ce qu'a pu faire la magnificence et la piété pour honorer un héros : — des titres, — des inscriptions, vaines marques de ce qui n'est plus ; — des figures qui semblent pleurer autour d'un tombeau, et de fragiles images d'une douleur que le temps emporte avec tout le reste ; — des colonnes qui semblent vouloir porter jusqu'au ciel le magnifique témoignage de notre néant ; et rien ne manque dans tous ces honneurs que celui à qui on les rend. »

Changeant de ton, mais avec la même sensibilité :

« Pleurez donc sur ces faibles restes de la vie humaine, — pleurez sur cette triste immortalité que nous donnons aux héros... »

Avec fermeté et noblesse :

« Mais approchez en particulier, ô vous qui courez avec tant d'ardeur dans la carrière de la gloire, âmes guerrières et intrépides. »

Simplement :

« Quel autre fut plus digne de vous commander ? »

Élevant la voix :

« Mais dans quel autre avez-vous trouvé le commandement plus honnête ?

Changeant de ton et naturellement :

« Pleurez donc ce grand capitaine, et dites en gémissant : Voilà celui qui nous menait dans les hasards ; sous lui se sont formés tant de renommés capitaines, que ses exemples ont élevés aux premiers honneurs de la guerre : son ombre eût pu encore gagner des batailles.

En élevant la voix par degrés :

« Et voilà que dans son silence son nom même nous anime, et ensemble il nous avertit que pour trouver à la mort quelque reste de nos travaux, et n'arriver pas sans ressource à notre éternelle demeure, avec le roi de la terre il faut encore servir le Roi du ciel.

Avec onction :

« Servez donc ce Roi immortel et si plein de miséricorde.

Appuyant :

« Qui vous comptera un soupir et un verre d'eau donné en son nom, plus que tous les autres ne feront jamais tout votre sang répandu ; et commencez à compter le temps de vos utiles services du jour que vous vous serez donnés à un maître si bienfaisant.

Avec sensibilité :

« Et vous, ne viendrez-vous pas à ce triste monument, vous, dis-je, qu'il a bien voulu mettre au rang de ses amis ?

D'un ton soutenu et large :

« Tous ensemble, en quelque degré de sa confiance qu'il vous ait reçus, environnez ce tombeau ; versez des larmes avec des prières, et admirant dans un si grand prince une amitié si commode et un commerce si doux, conservez le souvenir d'un héros dont la bonté avait égalé le courage.

Changeant de ton et avec douceur :

« Ainsi puisse-t-il toujours vous être un cher entretien : aussi puissiez-vous profiter de ses vertus, et que sa mort que vous déplorez vous serve à la fois de consolation et d'exemple.

Transition, et d'une voix pénétrée :

« Pour moi, s'il m'est permis après tous les autres de venir rendre les derniers devoirs à ce tombeau. O prince, le digne sujet de nos louanges et de nos regrets, vous vivrez éternellement dans ma mémoire :

Avec une noble douleur :

« Votre image y sera tracée, non point avec cette audace qui promettait la victoire, non, je ne veux rien voir en vous de ce que la mort y efface...

Élevant la voix et avec conviction :

« Vous aurez dans cette image des traits immortels : — je vous y verrai tel que vous étiez à ce dernier jour sous la main de Dieu, lorsque sa gloire sembla commencer à vous apparaître.

Plus appuyé :

« C'est là que je vous verrai plus triomphant qu'à Fribourg et à Rocroy ;

Avec ampleur :

« Et ravi d'un si beau triomphe, je dirai en action de grâce ces paroles du bien-aimé disciple : *Et hæc est victoria quæ vincit mundum, fides nostra :* la véritable gloire, celle qui met sous nos pieds le monde entier, c'est notre foi.

Changeant de ton :

« Jouissez, prince, de cette victoire, jouissez-en éternellement par l'immortelle vertu de ce sacrifice.

D'une voix plus pénétrée et cependant plus naturelle :

« Agréez ces derniers efforts d'une voix qui vous fut connue.

Vous mettrez fin à tous ces discours. — Au lieu de déplorer la mort des autres, grand prince, dorénavant je veux apprendre de vous à rendre la mienne sainte.

Lentement et la voix s'affaiblissant par degrés :

« Heureux si, averti par ces cheveux blancs du compte que je dois rendre de mon administration, je réserve au troupeau que je dois nourrir de la parole de vie, les restes d'une voix qui tombe et d'une ardeur qui s'éteint. »

Nous avons choisi à dessein ces deux exemples afin d'opposer à une lecture calme et sévère une autre où sont empreints tous les mouvements de la plus haute éloquence.

On conçoit parfaitement bien qu'il y a entre ces deux genres des termes moyens; que le *roman* surtout, ayant d'autres allures, exige une accentuation et des intonations qui se rapprochent quelquefois du premier et quelquefois du second; que la comédie et le drame en prose suivent celles que nous avons indiquées quand il s'est agi de la comédie en vers et de la tragédie, moins la cadence inséparable de toute poésie.

Nous ajouterons, en terminant ce livre, que, dans tous les cas, il faut que le lecteur tienne un compte sévère des principes que nous avons développés précédemment, et qu'il s'exerce à noter quelquefois la *quantité* sur tous les passages que nous avons donnés, afin d'habituer son oreille à l'harmonie d'une bonne prononciation.

FIN DE LA LECTURE A HAUTE VOIX.

LIVRE IV

DU GENRE DANS LES SUBSTANTIFS

Ce livre est surtout destiné aux étrangers, qui sont presque toujours embarrassés sur le genre de nos substantifs. Il n'en est point ainsi d'un Français; l'usage est peut-être son meilleur maître. Toutefois, plus d'une personne trouvera dans les règles que nous avons posées un utile enseignement, et les jeunes gens qui n'ont point encore acquis la faculté de généraliser y puiseront une connaissance indispensable pour bien parler et bien écrire leur langue.

Nous diviserons ce quatrième livre, comme les trois précédents, en deux sections : la première contiendra toutes les terminaisons qui appartiennent aux substantifs masculins, la seconde celles qui appartiennent aux substantifs féminins. Toute règle suivie d'un numéro renvoie aux mots qui lui font exception.

Nous n'avons point compris dans nos règles les noms des villes, des fleuves, etc., ni les mots dont on fait rarement usage.

RÈGLE GÉNÉRALE AUX DEUX SECTIONS

Tous les noms propres, ainsi que ceux qui appartiennent à l'histoire et à la mythologie, sont masculins ou féminins selon le sexe qu'ils représentent.

PREMIÈRE SECTION

Sont masculins les substantifs terminés en :

A. Brouhaha.
AB. Achab.
ABE. Arabe (1).
ABLE, *long et bref.* Câble, connétable (2).
ABRE. Sabre.
AC. Bissac.
ACLE, *bref.* Miracle (3).
ACRE. Fiacre (4).
ACT. Tact.
ACTE. Pacte (5).
AGE. Abordage (6)
AGME. Diaphragme.
AI, AÏ. Balai, Sinaï
AID, AIT. Plaid, attrait.
AIDE. Aide (*un*) (7)
ABIER, AYER. Cahier, métayer.
AIGLE. Aigle.
AIGRE. Vinaigre.
AIL. Bail.
AIM, AIN. Daim, bain (8).
AINT. Saint.
AIR. Air (9).
AIRE. Bréviaire (10).
AIS, AIX. Dadais (11).
AÎTE, *long.* Faîte.
AÎTRE. Maître.
AIVE. Glaive.
AL. Animal.
ALBE. Galbe.
ALE, *long.* Râle.
ALME. Calme (*un*). (12).
ALQUE. Catafalque
ALTE. Asphalte (13).
AM. Islam.

AMBE. Dithyrambe (14).
AMP. Camp.
AMPRE. Pampre.
AN. An (15).
ANC. Banc.
AND. Gland.
ANDRE. Esclandre (16).
ANG. Sang.
ANGLE. Angle (17)
ANTE. Corybante.
ANQUE. Saltimbanque (18).
ANS. Brisans.
ANT. Chant.
ANTRE. Antre.
ANVRE. Chanvre.
AP. Cap.
APHE. Télégraphe (19).
AR. Bazar.
ARBRE. Arbre.
ARC. Arc.
ARD, ART. Boulevard, art.
AS. Amas.
ASME. Cataplasme.
ASPE. Jaspe.
ASQUE. Casque (20).
ASTE. Contraste (21).
ASTRE. Astre (22).
AT, *bref.* Achat.
AT, *long.* Appât.
ATRE. Albâtre (23).
AU, EAU. Joyau, agneau (24).
AUBE. Aube *du jour* (25).
AUD, AUT. Echafaud, artichaut.

AUME. Chaume (26).
AUNE. Aune, *arbre* (27).
AUVRE. Pauvre (*un*).
AUX. Bestiaux (28).
AVRE. Cadavre.
AXE. Axe.
AZ. Gaz (*éclairage*)

BÉ. Abbé (29).
BI. Alibi (*un*).

CA. Mica.
CÉE. Caducée (30)
CHÉ. Archevêché.
CHU. Fichu.
CI. Souci.
CU. Écu.
ÇU. Reçu.

DA. Agenda.
DÉ. Dé.
DI. Cadi.
DU. Résidu.

ÈBE. Érèbe (31).
ÈBRE. Algèbre (32).
EC. Échec.
ÈCLE. Siècle.
ECT. Aspect.
ECTE. Architecte (33).
ECTRE. Spectre.
ÈDE. Bipède.
ÈDRE. Cèdre.
EF. Chef (34).
EFFE. Greffe (*un*) (35).
ÈFLE. Trèfle (36).
ÉGE, IÉGE. Collége, piége (37).

ÈGLE, EIGLE. Seigle (38).
EGME. Flegme.
ÈGNE. Règne (39).
EGS. Legs.
ÈGUE. Collègue.
EIGNE. Enseigne (40).
EIL. Sommeil,
EIN. Dessein.
EIZE. Treize.
EL. Autel.
ÈME. Diadème (41).
EMPLE. Exemple.
EN. Examen.
ENS. Encens.
ENT. Aliment (42).
ENTRE. Centre.
EP. Cep.
EPTE. Adepte.
EPTRE. Sceptre.
ER. Fer (43).
ERBE. Proverbe (44).
ERC. Clerc.
ERCE. Commerce (45).
ERCLE. Cercle.
ERF. Cerf.
ERGUE. Exergue (46).
ERLE. Merle (47).
ERME. Épiderme (48).
ERRE. Tonnerre (49).
ERS. Revers.
ERT. Concert.
ERTRE. Tertre.
ÈS. Abcès (50).
EST. Est (*orient*).
ESTE. Geste (51).
ESTRE. Orchestre (52).

Sont masculins les substantifs terminés en :

ET, *bref.* Alphabet
ÉT, *long.* Arrêt (53).
ÈTRE, ETTRE, *bref* Aréomètre (54).
ÊTRE, *long.* Prêtre (55).
EU, IEU. Aveu, adieu.
EUBLE. Meuble.
EUF, ŒUF. Neuf (le), bœuf.
EUL. Aïeul.
EUIL. Cerfeuil.
EUNE. Jeûne (*abstinence*).
EUPLE. Peuple.
EUR. Acteur (56).
EURRE. Beurre.
EURTRE. Meurtre.
EUTRE. Feutre.
EUX. Aveux.
EX. Index.
EXE. Sexe (57).
EXTE. Prétexte (58).
ÈZE. Trapèze (59).

FA. Fa, *note de musique.*
FÉ. Café.
FI. Défi.

GA. Aga.
GÉ. Clergé.
GER. Berger.
GUÉ. Gué.
GUI. Gui, *botanique.*

HA. Haha! *ouverture d'un mur.*

IBE. Scribe (60).
IBRE. Calibre (61).

IC. Alambic.
ICE. Calice (62).
ICLE, YCLE. Article, cycle (63).
IEN, YEN. Académicien, doyen.
IER. Atelier.
IF. Canif.
IFE, YPHE. Calife, triglyphe (64).
IFFRE, IFRE. Chiffre, fifre.
IGE. Prodige (65).
IGME. Paradigme (66).
IGRE. Tigre.
IL. Fil.
ILE, ILLE. Asile, vaudeville (67).
ILTRE. Filtre (un).
IMBE. Limbe.
IMBRE. Timbre.
IME, *bref.* Décime (68).
IN (*). Assassin (69).
INCE. Prince (70).
INDE. Pinde (71).
INDRE. Cylindre (72).
INGE. Linge (73).
INTRE, EINTRE. Cintre, peintre.
INX, YNX. Sphinx, larynx.
IR, YR (*). Désir, martyr.
IRQUE. Cirque.
YRTE. Myrte (74).
IS, YS. Abatis, pays (75).
ISC. Fisc.
ISME. Prisme.
ISQUE. Disque (76).
IST. Christ.

ISTE. Artiste (77).
ISTHME. Isthme.
ISTRE. Cuistre.
IT, ID. Habit. nid.
ITE, YTE. Mérite, acolyte (78).
ITHME, YTHME. Logarithme, rhythme.
ITRE. Litre (79).
IVRE. Cuivre (80).
IX. Phénix.
IZ. Riz.

KA. Moka.

LA. Falbala.
LÉ. Blé (81).
LLIER (ll *mouillés*). Conseiller.
LIS. Chablis.
LLI (ll *mouillés*). Bailli.
LU. Superflu (le) (82).

MA. Panorama.
MÉ. Consommé (un).
MENT. Désagrément (83) (**).
MI. Ami (84).

NA. Ana.
NÉ. Séné (du).
NER. Déjeuner.
NI. Brouillamini.

O. Bobo (85).
OBE. Globe (86).
OBLE. Vignoble.
OBRE. Opprobre.
OC, OQ. Accroc, coq.
OCE. Négoce.

OCLE. Binocle.
ODE. Code (87).
ŒIL. Œil.
OÈLE. Poêle (88).
ŒU. Vœu.
ŒUF. Œuf.
ŒUR. Chœur (89).
ŒUVRE. Chef-d'œuvre (90).
OFFRE. Coffre (91).
OGE, ÔGE. Eloge (92).
OGME. Dogme.
OGRE. Ogre.
OGUE. Dialogue (93).
OI. Beffroi (94).
OIDS. Poids.
OIGT. Doigt.
OIL. Poil.
OIN. Coin.
OINE. Chanoine (95).
OINS. Moins (le).
OINT. Adjoint.
OIR. Arrosoir.
OIS. Bois (96).
OIT. Détroit.
OITRE. Cloître.
OIVRE. Poivre.
OL. Col.
OLE, *long.* Contrôle (97).
OLFE. Golfe.
OMBLE. Comble.
OMBRE. Nombre (98).
OME, *bref,* OMME. Axiome, homme (99).
ÔME, *long.* Dôme (100).
OMNE. Automne.
OMPHE. Triomphe.

(*) Quelle que soit la lettre qui précède.
(**) Cette règle juge près de cinq cents substantifs.

14

Sont masculins les substantifs terminés en :

ON (*). Ballon (101).
ONC. Jonc.
ONCLE. Oncle.
OND. Plafond.
ONGE. Songe (102).
ONGLE. Ongle.
ONT. Affront.
ONTE, OMTE. Conte, comte (103).
ONZE. Bronze.
OP. Sirop.
OR. Corridor.
ORBE. Orbe (104)
ORC. Porc.
ORCHE. Porche (105).
ORD. Accord.
ORDRE. Ordre.
ORDS. Remords.
ORE. Météore (106)
ORPS. Corps.
ORS. Mors.
ORT. Sort (107).
OS. Os.
OT, bref. Abricot (108).

ÔT, long. Dépôt.
ÔTRE. Apôtre (109)
OU. Bijou.
OUC. Bouc.
OUCE. Pouce.
OUDE. Coude (110).
OUÉ. Avoué (un).
OUFRE, OUFFRE. Soufre, gouffre.
OUG. Joug.
OUGE. Bouge (un) (111).
OULS. Pouls.
OUP. Coup.
OUPLE. Couple (112).
OUR. Jour (113).
OURS. Ours.
OUT. Égout.
OUX. Courroux (114).
OXE. Equinoxe (115).

PA. Papa.
PÉ. Canapé.
PI. Crépi.

RA. Opéra.
RÉ. Curé.
RI. Abri.
RU. Bourru (un).

SÉ, SSÉ. Exposé, fossé.
SI, CI. Reversi, souci.
SU. Tissu.

TA. Errata.
TIS. Appentis.
TU. Fétu (116).

UB. Club.
UBE. Cube (117).
UC. Aqueduc.
UCRE. Sucre.
UD. Sud.
UF. Tuf.
UFFE. Tartuffe (118).
UFLE, UFFLE. Mufle, buffle.
UGE. Juge.
UI. Étui.

UIS. Buis.
UIT, UID. Minuit, muid (119):
UL. Calcul.
ULCRE. Sépulcre.
ULTE. Culte (120).
UM. Te Deum.
UN. Tribun.
UNT. Emprunt.
UR. Mur.
URNE. Cothurne (121).
US. Abus (122).
USC. Busc.
USCLE. Muscle.
USTE. Buste.
USTRE. Balustre.
UT, bref. Attribut.
UT, long. Affût.
UX. Flux.
UXE. Luxe.

VA. Jéhova.
VÉ. Pavé.
VI. Chénevi.

ZI. Lazzi.

EXCEPTIONS AUX RÈGLES PRÉCÉDENTES

1 Syllabe.
  Souabe.
2 Étable.
  Fable.
  Table.
3 Débâcle.
4 Nacre.
5 Cataracte.
  Épacte.
6 Cage.
  Image.
  Page d'un livre.

Plage.
Rage.
7 Aide (assistance).
8 Faim.
  Main.
  Nonnain (religieuse).
9 Chair.
10 Affaire.
  Aire (place).
  Chaire (à prêcher).

Catilinaire.
Circulaire.
Glaire.
Grammaire.
Paire (couple).
11 Paix.
12 Palme (de laurier).
13 Halte.
  Malte (géog.).
14 Jambe.
15 Maman.
16 Coriandre.

Flandre.
Salamandre.
17 Sangle.
18 Banque.
19 Épigraphe.
  Épitaphe.
  Orthographe.
20 Bourrasque.
  Basque d'un habit.
21 Caste (tribu).
22 Piastre (monnaie).

(*) Les substantifs terminés en ION sont tous féminins sans exception (page 162), et ceux en AISON et OISON (pages 161 et 162).

23 Marâtre.
24 Eau.
Peau.
25 Daube.
26 Paume (*de la main, mesure, jeu*).
27 Aune (*mesure*).
28 Chaux (*de la*).
29 Phébé.
30 Fiancée (*une*).
Panacée.
Pincée (*une*).
31 Glèbe (*la*).
32 Ténèbres (*les*)
Vertèbre.
33 Pandectes (*les*)
Secte.
34 Nef d'église.
Clef.
35 Greffe (*branche entée*).
36 Nèfle (*fruit*).
37 Neige.
Norwége.
38 Règle.
39 Duègne.
40 Enseigne.
41 Bohême.
Crème.
42 Dent.
Gent (*la gent écolière*).
43 Mer.
44 Gerbe.
Herbe.
45 Tierce (*escrime*).
46 Vergue (*marine*).
47 Perle.
48 Ferme (*une*).
49 Erre (*train, allure*).
Guerre.
Pierre.
Terre.
50 Cérès.
51 Peste.
Sieste.

52 Palestre (*jeu ancien*).
53 Forêt.
54 Lettre.
55 Chevêtre.
Fenêtre.
Guêtre (*sorte de chaussure*)
56 Aigreur (*).
Ampleur.
Ardeur.
Blancheur.
Candeur.
Chaleur.
Chandeleur.
Clameur.
Défaveur.
Douceur.
Douleur.
Épaisseur.
Erreur.
Faveur.
Fadeur.
Ferveur.
Fleur.
Fraîcheur.
Frayeur.
Froideur.
Fureur.
Grandeur.
Grosseur.
Hauteur.
Horreur.
Humeur.
Impudeur.
Laideur.
Langueur.
Largeur.
Lenteur.
Liqueur.
Longueur.
Lourdeur.
Lueur.
Maigreur.
Moiteur.
Noirceur.
Odeur.
Pâleur.
Pesanteur.
Peur.

Primeur.
Profondeur.
Puanteur.
Pudeur.
Rigueur.
Roideur.
Rondeur.
Rougeur.
Rousseur.
Rumeur.
Saveur.
Sœur.
Splendeur.
Stupeur.
Sueur.
Teneur.
Terreur.
Tiédeur.
Torpeur.
Tumeur.
Valeur.
Verdeur.
Vigueur.
57 Annexe.
58 Sexte (*heure canonicale.*)
59 Alèze.
60 Bribe.
61 Fibre.
62 Actrice.
Ambassadrice.
Avarice.
Cantatrice.
Cicatrice.
Épices (*des*).
Immondices.
Impératrice.
Injustice.
Justice.
Lectrice.
Législatrice.
Lice (*lieu pour les courses*).
Malice.
Milice.
Notice.
Nourrice.
Office (*garde-manger*).
Police.

Prémices (*les*).
Varice.
63 Bésicles.
64 Brife (*morceau de pain*).
Chiffe (*chiffon*)
Griffe.
65 Tige.
Volige.
66 Énigme.
67 Argile.
Bile.
Huile.
Ile.
Pile.
Sébile.
Sibylle.
Ville.
68 Escrime.
Maxime (*une*).
Prime (*une*).
Rime.
Victime.
69 Catin.
Fin.
70 Pince (*une*).
Province.
71 Inde.
72 Indre (*rivière*).
73 Méninge (*membrane*).
74 Syrte (*sables mouvants*).
75 Brebis.
Souris.
76 Brisque (*jeu de cartes*).
Francisque (*hache*).
77 Batiste (*toile*).
Liste.
Modiste.
Piste (*à la*).
78 Amphitrite.
Carmélite (*religieuse*).
Chattemite.
Clématite.
Commandite.
Conduite.

(*) La règle juge environ sept cent dix-huit substantifs.

Cucurbite.
Faillite.
Favorite (*une*).
Fuite.
Guérite.
Hématite (*pierre*).
Hermaphrodite.
Inconduite.
Lèchefrite.
Limite.
Malachite (*minéral*).
Marmite.
Mite (*insecte*).
Orbite.
Poursuite.
Pyrite (*minéral*).
Redite.
Réussite.
Stalactite (*concrétion*).
Visite.
79 Épître.
Huître.
Vitre.
80 Livre (*poids*).
81 Clé ou clef.
82 Glu.
83 Jument.
84 Fourmi.
85 Virago (*une*).
86 Robe.

87 Commode (*meuble*).
Méthode.
Mode (*la*).
Ode.
Pagode.
Période.
88 Moelle.
Poële *à frire*.
89 Sœur.
90 Œuvre (*ouvrage*).
Manœuvre (*une*).
91 Offre (*une*).
92 Horloge.
Loge.
Toge.
93 Drogue.
Églogue.
Pirogue.
Synagogue.
Vogue.
94 Foi (*la*).
Loi.
Paroi (*une*).
95 Avoine.
Bétoine (*plante*).
Chélidoine (*id.*).
Macédoine.
Pivoine (*plante*).

Sardoine (*minéral*).
96 Fois (*une*).
97 Geôle (*prison*)
98 Ombre (*une*).
Pénombre.
99 Rome.
Gomme.
Pomme.
Somme (*une*).
100 Drôme (*rivière*).
101 Boisson.
Contrefaçon.
Cuisson.
Façon.
Garnison.
Guérison.
Leçon.
Moisson.
Passion.
Prison.
Rançon.
Trahison.
102 Axonge (*graisse*).
Éponge.
Longe (*courroie*).
103 Fonte.
Ponte, *de pondre*.
Refonte.
Tonte, *de tondre*.

104 Sorbe (*fruit du sorbier*).
105 Torche.
106 Amphore.
Aurore.
Flore.
Mandore.
Mandragore.
Métaphore.
Pandore.
Pécore.
Pléthore.
107 Mort.
108 Dot (*une*).
109 Patenôtre.
111 Soude (*de la*).
111 Gouge.
112 Coupled'œufs (*une*).
113 Belle-de-jour.
Cour, *et composés*.
Tour (*une*).
114 Toux (*la*).
115 Boxe (*lutte*).
116 Vertu.
117 Bube (*pustule*).
118 Truffe.
119 Nuit.
120 Catapulte.
Insulte.
121 Urne.
122 Vénus.

DEUXIÈME SECTION

Sont féminins les substantifs terminés en :

ACE, *bref.* Audace.

ACE, *long.* Grâce (1).

ACHE, *bref.* Hache (2).

ACHE, *long.* Gâche (3).

ADE. Accolade (4).

ADRE. Escadre (5).

AFE. Agrafe (6).

AFLE. Rafle.

AFRE, AFFRES. Balafre, affres, *les affres de la mort* (7).

AGNE. Campagne (8).

AGUE. Bague.

AIE, AYE. Baie, abbaye (9).

AIGNE. Châtaigne.

AILE. Aile.

AILLE, AILLES. Antiquaille, entrailles.

AINE. Aubaine. (10).

AINTE. Complainte.

AISE. Braise.

AISON. Cargaison.

AISSE. Caisse.

AITE. Défaite.

ALE, ALLE, *bref.* Cabale, halle (11).

ALSE. Valse.

ALTE. Halte (12).

ALVE. Salve d'artillerie.

AMBRE. Chambre (13).

AME, AMME, *bref.* Dame, gamme (14).

AME, *long.* Ame (15).

AMPE. Lampe.

ANCE. Balance.

ANCHE. Branche (16).

ANCRE. Ancre (17).

ANDE. Amande.

ANE, ANNE, *bref.* Cabane, canne (18).

ANE, *long.* Ane (19).

ANGE. Frange (20).

ANGUE. Langue.

ANTE. Plante (21).

APE. Chape (22).

AQUE. Baraque (23).

ARBE. Barbe.

ARCE. Farce (24).

ARCHE. Arche (25).

ARDE, ARDES. Mansarde, hardes (26).

ARE, ARRE. Mare, bagarre (27).

ARGE. Litharge.

ARGNE. Épargne.

ARME. Arme (28).

ARNE. Lucarne.

ARPE. Harpe (29).

ARQUE. Barque (30).

ARTE. Carte (31).

ARTRE. Dartre.

ASE. Case (32).

ASSE. Chasse (33).

ATE, ATTE. Savate, chatte (34).

ATE, *long.* Pâte.

AUCE. Sauce.

AUCHE. Ébauche.

AUDE. Fraude.

AUFRE. Gaufre.

AUGE. Auge.

AULE. Gaule (35).

AUPE. Taupe.

AUSE. Clause.

AUTE. Faute (36).

AUVE. Mauve.

AVE. Cave (37).

AZE. Gaze (*étoffe*).

BÉE. Gerbée (38).

BIE. Lubie.

BU. Tribu.

CHÉE. Bouchée (39).

CHIE. Anarchie.

CIE. Scie.

DÉE. Ondée (40).

DIE. Comédie.

ÈCE, *bref.* Espèce.

ÈCE, *long.* Pièce.

ÈCHE, *bref.* Calèche.

ÈCHE, *long.* Bêche

EILLE. Oreille (41).

EINE. Haleine.

EINTE. Enceinte.

ÊLE. Grêle.

ELLE. Bagatelle (42).

EMPE. Tempe.

ENCE. Provence (43).

ENCRE. Encre.

ENDE. Amande (*peine*) (44).

ENDRE. Cendre (45).

ÈNE, ENNE, *bref.* Cène (*la*), magicienne (46).

ÈNE, *long.* Rênes (*les*) (47).

ENSE. Dépense.

ENTE. Tente.

ÊPE. Crêpe (*pâtisserie*) (48).

ÈQUE. Bibliothèque (49).

ERCHE. Perche.

ÈRE. Colère (50).

ERGE. Asperge (51).

ERGUE. Vergue (52).

ERNE. Caserne (53).

ERPE. Serpe.

ERSE. Traverse.

ERTE. Alerte.

ERVE. Réserve.

ÈSE. Antithèse (54).

ESQUE. Fresque (55).

ESSE, *bref.* Anesse (56).

ESSE, *long.* Abbesse.

ÈTE. Planète (57).

ETTE. Aigrette (58).

EUE. Queue.

EUILLE. Feuille (59).

EULE, *bref.* Filleule.

EULE, *long.* Meule

EURE. Demeure.

EURS. Couleurs (60)

EUSE. Chanteuse.

EUTE. Émeute.

EUVE. Epreuve.

EUVRE. Couleuvre.

ÈVE. Grève.

ÈVRE. Chèvre (61)

14.

Sont féminins les substantifs terminés en :

EXE. Annexe (62).

FÉE, FFÉE. Fée, bouffée (63).

GÉE. Dragée (64).
GIE. Analogie.
GNÉE. Araignée.
GNIE. Compagnie.

IBLE. Bible (65).
ICHE. Affiche.
IDE. Bride (66).
IDRE, YDRE. Clepsydre (67).
IÉ. Amitié (68).
IÉE. Criée.
IÈRE. Bannière (69).
IGNE, YGNE. Consigne (70).
IGUE. Figue.
ILLE, ll *mouillés.* Aiguille (71).
IME, *bref.* Cime (72).
IMPE, YMPE. Guimpe (73).
YMPHE. Nymphe (74).
INDE. Inde (75).
INE. Badine (76).
INGLE. Tringle.
INGUE. Seringue.
INTE, INTHE. Pinte, plinthe (77).
ION (*). Ablution (78).
IPE, IPPE. Pipe, grippe (79).
IPSE. Éclipse (80).
IPTE. Crypte.
IQUE. Barrique (81).

IRE, YRE. Cire, lyre (82).
ISE. Bêtise (83).
ISSE. Pelisse (84).
IVE. Grive (85).

LÉE, LLÉE. Culée, vallée (86).
LLÉE, ll *mouillés.* Aiguillée.
LIE. Folie (87).
LLIE, ll *mouillés.* Saillie.

MÉE. Armée (88).
MIE. Académie.

NÉE. Année (89).
NIE. Agonie (90).
NUE. Nue.

OCHE. Broche (91)
ŒURS. Mœurs.
OFFE. Étoffe.
OPHE. Strophe.
OGNE. Cigogne.
OIE. Soie (92).
OIF. Soif.
OIFFE. Coiffe.
OILE. Étoile (93).
OINTE. Pointe.
OIRE. Poire (94).
OISON. Toison (95).
OISSE. Angoisse.
OITE. Boîte.
OIX. Noix (96).
OLDE. Solde (97).
OLE, OLLE, *bref.* Idole, colle (98).
OLTE. Révolte.
OMBE. Colombe (99).
OMPE. Pompe.
ONCE. Ronce (100)
ONDE. Fronde (101)

ONE, ONNE, *bref.* Patrone, colonne (102).
ONE, *long.* Aumône (103).
ONQUE. Conque.
ONSE. Réponse.
ONTE. Honte (104)
ONTRE. Montre (105).
OPE, OPPE. Chope, échoppe (106).
OQUE. Loque (107)
ORCE. Écorce (108).
ORCHE. Torche (109).
ORDE. Corde (110)
ORGE. Forge (111)
ORGUES. Orgues (*les*).
ORME. Réforme (112).
ORNE. Borne (113)
ORTE. Porte (114).
ORVE. Morve.
OSE. Chose (115).
OSSE, *bref.* Bosse (116).
OSSE, *long.* Fosse.
OSTE. Poste (la) (117).
OTE, OTTE, *bref.* Note, carotte (118).
OTE, *long.* Côte (119).
OUCHE. Bouche (120).
OUCLE. Boucle.
OUDRE. Foudre.
QUE. Boue.
OUÉE. Trouée (*une*).

OUFFE. Touffe.
OUFLE. Pantoufle (121).
OUILLE. Douille (122).
OULE. Boule (123)
OUPE, OUPPE. Étoupe, houppe (124).
OUQUE. Felouque.
OURBE. Bourbe (125).
OURSE. Ourse.
OURCHE. Fourche.
OURDE. Gourde.
OURE. Bravoure.
OURGE. Courge.
OURME. Gourme.
OURRE. Bourre (126).
OUSE. Épouse.
OUSSE. Gousse (127).
OUTE. Croûte (128)
OUTRE. Poutre (129).
OUVE. Louve.
OVE. Alcôve (130)

PÉE. Poupée.
PHIE. Géographie.
PIE. Toupie.

QUÉE. Béquée.

RÉE. Denrée.
RIE. Afféterie.
RUE. Rue.

SÉE, *doux.* Croisée (131).
SÉE, *dur.* Brassée (132).
SIE, *doux.* Courtoisie (133).

(*) Quelle que soit la lettre qui précède.

Sont féminins les substantifs terminés en :

SIE, *dur.* Vessie (134).
SUE. Issue (*sortie*).

TÉ. Activité (135).
TÉE. Charretée (136).
TIE, *doux* (*zie*). Minutie.
TIE, *dur* (*tie*). Modestie.

UBLE. Chasuble.
UCE. Puce (137).
UCHE, *bref.* Ruche.
UCHE, *long.* Bûche.
UDE. Etude (138).
UE. Nue.
UÉE. Nuée.
UGUE. Fugue.
UIE. Pluie (139).
UISSE. Cuisse (140).
UITE. Fuite.
ULE, ULLE. Bas-

cule, bulle (141).
UME. Coutume (142).
UNE. Fortune.
UPE, UPPE. Jupe, huppe.
UQUE. Perruque (143).
URE. Aventure (144).
URNE. Urne (145).
USE. Écluse.

USSE. Aumusse.
UTE, UTTE, *bref.* Chute, butte.
UTE, *long.* Flûte.
UVE. Cuve.

VÉE. Corvée.
VIE. Envie.
VUE. Revue.

XIE. Apoplexie.

EXCEPTIONS AUX RÈGLES PRÉCÉDENTES

1 Espace (*un grand*).
2 Bravache (*faux brave*). Panache.
3 Relâche, *discontinuation de travail.*
4 Alcade. Camarade. Grade.
5 Cadre.
6 Parafe, ou *plutôt* paraphe.
7 Cafre . *peuple d'Afrique.*
8 Bagne.
9 Pagaie , *sorte d'aviron.*
10 Capitaine. Domaine.
11 Astragale, *moulure.* Bengale, *géog.* Bucéphale. Cannibale. Crotale, *tambour.* Dédale , *labyrinthe.* Ovale. Scandale. Vandale.
12 Asphalte.

Basalte.
13 Ambre, *résine.*
14 Amalgame. Épithalame. Gramme , *et analogues.* Hippopotame. Vidame.
15 Blâme. Infâme (*c'est un*).
16 Dimanche.
17 Cancre. Chancre.
18 Anglomane. Arcane. Bibliomane. Filigrane. Mélomane. Métromane. Organe. Platane.
19 Crâne. Mânes (*les*).
20 Ange. Archange. Change. Échange. Gange, *géog.* Lange. Mélange. Rechange.
21 Andante (*jouer un*).

Corybante. Hiérophante. Rossinante. Sycophante.
22 Antipape. Pape. Satrape.
23 Cosaque. Laque, *vernis.* Valaque. Zodiaque.
24 Tarse , *anatomie.*
25 Patriarche.
26 Barde (*un*). Garde (*un*).
27 Are, *mesure.* Bécarre. Catarrhe. Hectare. Phare. Tartare. Ténare. Tintamarre.
28 Carme (*un*). Charme (*un*). Gendarme. Vacarme.
29 Métacarpe, *anatomie.* Péricarpe.
30 Aristarque. Exarque. Monarque.

31 Parthe. Sparte.
32 Caucase. Gymnase. Pégase. Vase.
33 Passe-passe (*un*). Parnasse. Savantasse (*un*) Paillasse.
34 Aristocrate. Aromate. Automate. Carbonate. Croate, *géog.* Démocrate. Euphrate, *géo.* Nitrate. Pénates (*les*). Pirate. Sarmate, *géog.* Stylobate.
35 Saule.
36 Aréonaute.
37 Conclave. Landgrave. Margrave.
38 Machabée. Scarabée.
39 Mardochée. Sichée.
40 Amédée. Asmodée.

41 Cure-oreille, et autres composés d'oreille
42 Libelle.
Rebelle (un).
Vermicelle.
Violoncelle.
43 Silence.
44 Dividende.
45 Gendre.
46 Borysthène.
Cathécumène
Renne (un), zoologie.
47 Troëne,
48 Crêpe (un).
49 Archevêque.
Évêque.
50 Baptistère.
Caractère.
Cautère.
Cerbère.
Clystère.
Compère.
Confrère.
Cratère.
Finistère, géog.
Frère.
Hémisphère.
Madère.
Ministère.
Monastère.
Mystère.
Père.
Planisphère.
Presbytère.
Réverbère.
Stère, mesure.
Ulcère.
Viscère.
51 Cierge.
Concierge.
52 Exergue.
53 Averne.
Quaterne.
Terne.
54 Dièse.
Diocèse.
Péloponèse.
55 Arabesque.
56 Permesse.

57 Coupe-tête (un)
58 Amulette.
Squelette.
59 Chèvrefeuille.
60 Choux-fleurs.
Malheurs.
Messieurs.
Non-valeurs.
Pleurs.
61 Lièvre.
Orfèvre.
62 Sexe.
63 Coryphée.
Trophée.
64 Apogée.
Périgée.
65 Comestible.
Crible.
66 Acide (un).
Ascaride, insecte.
Atlantide.
Guide (un).
Fratricide, et analogues.
Ides (les).
Invalide (un).
Liquide (un).
Suicide.
Subside (*).
67 Cidre.
68 Pié, ou mieux pied.
Trépié, ou trépied.
69 Cimetière.
Derrière (le).
Gruyère, fromage.
70 Cygne.
Signe (un).
71 Drille (un).
72 Anonyme, et analogues.
Centime.
Crime.
Décime.
Mime (un).
Minime (un).
Régime.
73 Olympe.

74 Paranymphe, discours.
75 Pinde (le).
76 Bramine.
Flamine, prêtre romain.
Quine (un).
77 Labyrinthe.
78 Alcyon.
Amphitryon.
Ardélion.
Bastion.
Billion.
Brimborion,
Camion.
Centurion.
Champion.
Clayon.
Crayon.
Croupion.
Décurion.
Embryon.
Espion.
Extrême-Onction.
Gabion.
Galion.
Ganglion.
Histrion.
Horion.
Lampion.
Lion.
Lyon, géog.
Million, et analogues.
Pélion (le mont)
Pion.
Playon.
Rayon.
Scorpion.
Sion.
Tabellion.
79 Municipe.
Participe.
Polype.
Principe.
Type.
80 Gypse, plâtre.
81 Attique, architecture.
Cacique.

Cénobite (un).
Cantique.
Catholique (un)
Cosmétique.
Cirque.
Distique.
Domestique (un).
Ecclésiastique
Émétique.
Fanatique (un)
Laïque.
Lévitique (le).
Lexique (un).
Mexique.
Panégyrique.
Portique.
Topique (un).
Toxique (un).
Tropique.
Septique (un).
Stoïque (un).
Viatique (le).
82 Cachemire (un)
Collyre (un).
Délire.
Dire (le).
Empire.
Martyre (le).
Messire.
Navire.
Porphyre.
Sbire.
Satyre, mythologie.
Sire.
Sourire (un).
Vampire.
Zéphyre, myth.
83 Remise, voiture
84 Suisse (un).
85 Convive (un).
Qui-vive.
86 Mausolée.
87 Aphélie.
88 Pygmée.
89 Hyménée.
Périnée, anatomie.
Prytanée.
90 Génie.

(*) Les autres mots sont peu en usage.

91 Coche.
  Reproche.
  Tournebroche.
92 Foie (le).
93 Voile (un).
94 Accessoire (un)
  Auditoire.
  Boire (le).
  Ciboire.
  Compulsoire
    (un).
  Conservatoire.
  Consistoire.
  Déboire.
  Écritoire.
  Grimoire.
  Interrogatoire
  Monitoire (un)
  Mémoire, écrit.
  Observatoire.
  Offertoire.
  Oratoire.
  Prétoire.
  Promontoire.
  Purgatoire.
  Réfectoire.
  Répertoire.
  Réquisitoire.
  Territoire.
  Vésicatoire.
  Vomitoire.
95 Oison.
96 Abat-voix, et
    analogues.
  Choix (un).
97 Solde (un) de
    compte.
98 Alvéole.
  Capitole,
  Citole, instru-
    ment de musi-
    que.
  Monopole.
  Pactole.
  Pétiole.
  Pétrole.

  Protocole.
  Symbole.
99 Rhombe, géo-
    métrie.
100 Nonce.
  Internonce.
  Quinconce.
101 Monde.
102 Salmone, pois-
    son.
103 Cône.
  Octogone (un)
    et analogues.
  Prône.
  Rhône.
  Trône.
104 Archonte.
  Comte.
  Conte.
  Géronte.
105 Contre (le
    pour et le).
106 Cyclope.
  Héliotrope.
  Horoscope.
  Misanthrope.
  Microscope.
  Philanthrope
  Télescope.
  Trope.
107 Colloque.
  Phoque.
  Soliloque.
  Ventriloque.
108 Divorce.
109 Porche.
110 Exorde.
  Monocorde,
    et analogues
111 Coupe-gorge.
  Grain d'orge.
  Rouge-gorge.
112 Orme.
  Uniforme (un)
113 Capricorne

  Morne (un).
114 Cloporte.
115 Potose (le).
116 Carrosse.
  Colosse.
117 Poste (un).
  Périoste.
118 Antidote.
  Compatriote.
  Despote.
  Patriote.
  Pilote.
  Prote.
  Vote.
119 Hôte.
120 Cartouche, or-
    nement.
  Chasse - mou-
    ches.
121 Moufle, assem-
    blage de pou-
    lies.
  Maroufle.
  Souffle (un).
122 Gribouille.
123 Moule (un).
124 Groupe.
125 Fourbe (un).
126 Tire-bourre.
127 Mousse (un).
128 Doute (un).
129 Coutre, fer de
    charrue.
130 Ove, orne-
    ment.
131 Élysée.
  Musée (un).
132 Odyssée.
133 Malvoisie (du)
134 Messie (le).
135 Arrêté (un).
  Comité.
  Comté.
  Député (un).
  Doigté (un).

  Été.
  Léthé.
  Pâté.
  Thé.
  Traité (un).
136 Athée.
137 Capuce.
  Prépuce.
138 Prélude.
139 Parapluie.
140 Suisse (un).
141 Conciliabule.
  Conventicule
  Crépuscule.
  Funambule.
  Globule.
  Monticule.
  Module, mou-
    lure.
  Opuscule.
  Ovule.
  Panicule.
  Pécule.
  Pédicule.
  Pendule (ba-
    lancier.
  Régule.
  Ridicule.
  Scrupule.
  Testicule.
  Véhicule.
  Ventricule.
  Vestibule.
142 Bitume.
  Légume.
  Rhume.
  Volume.
143 Eunuque.
144 Augure.
  Carbure.
  Cyanure.
  Mercure.
  Murmure.
  Parjure.
145 Cothurne.

FIN

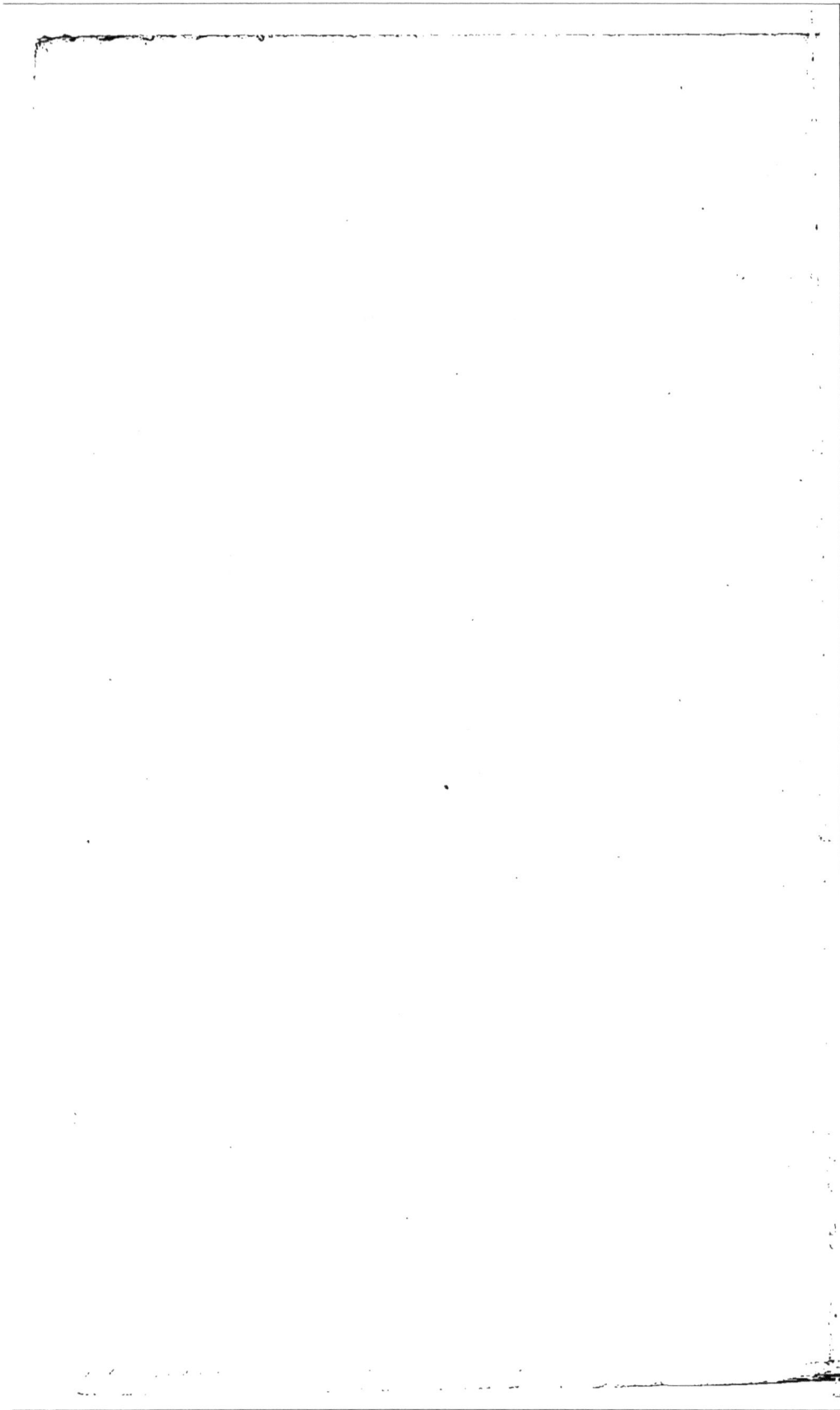

TABLE DES MATIÈRES

FIN DE LA TABLE DES MATIÈRES.

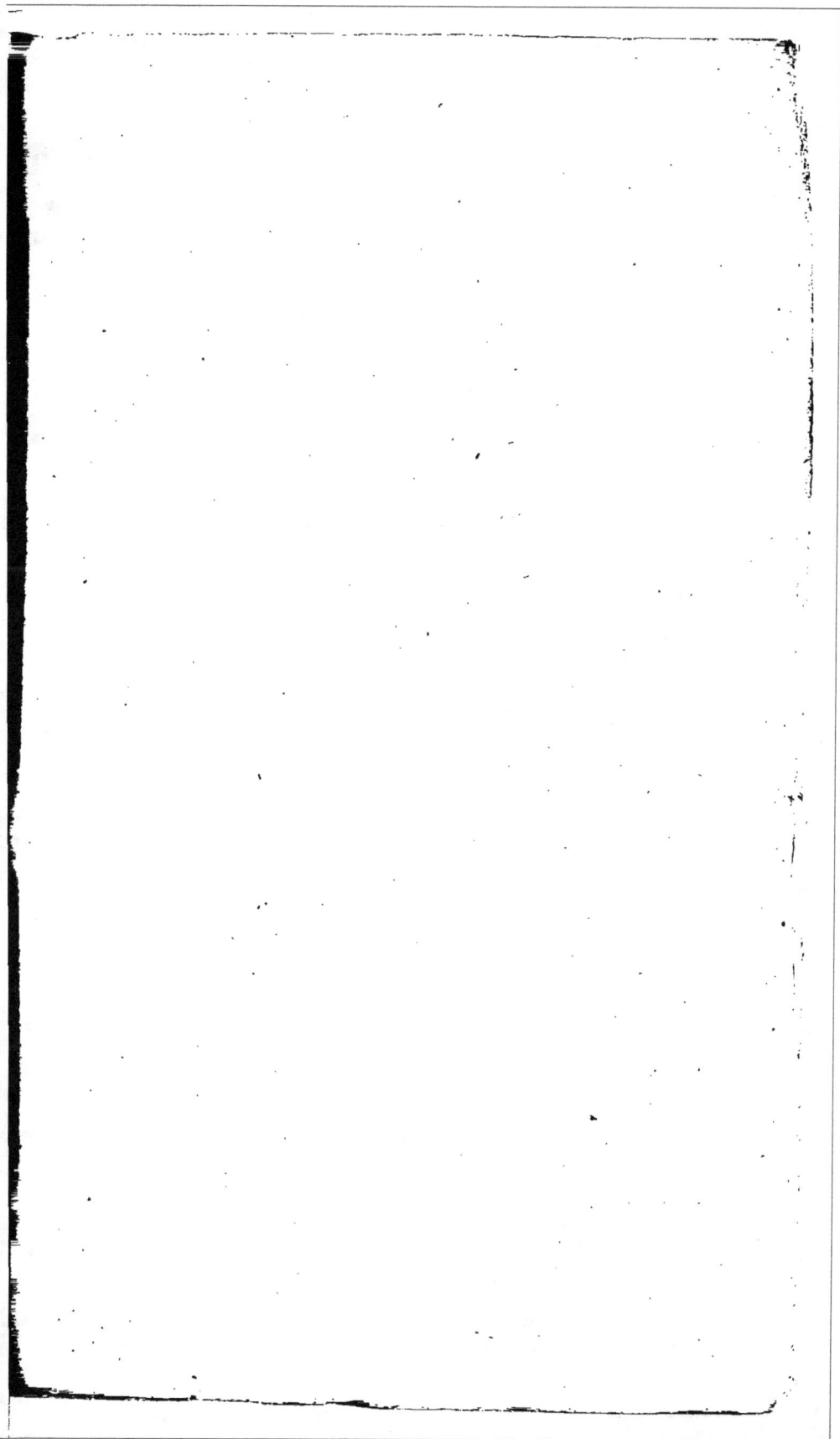

Paris — Imp. de L. Tinterlin, rue Neuve-des-Bons-Enfants, 3.

www.ingramcontent.com/pod-product-compliance
Lightning Source LLC
Chambersburg PA
CBHW072239270326
41930CB00010B/2187